Wolfgang Kessler
Die Kunst, den Kapitalismus zu verändern
Eine Streitschrift

Impressum

Wolfgang Kessler
Die Kunst, den Kapitalismus zu verändern
Eine Streitschrift

Satz und Layout: Andreas Klinkert
Titelillustration: iStock by Getty/jes2ufoto. Autorenfoto: privat
Illustrationen: iStock by Getty/jes2ufoto/mysondanube/FGorgun
Druck und Bindung: Westermann Druck Zwickau GmbH
Auflage: 3/2020
© August 2019
Publik-Forum Verlagsgesellschaft mbH
Postfach 2010, 61410 Oberursel
www.publik-forum.de

ISBN 978–3–88095–330–7

Wolfgang Kessler

Die Kunst, den Kapitalismus zu verändern

Eine Streitschrift

Über den Autor

 **Wolfgang Kessler**, geb. 1953, wuchs in Oberschwaben auf und wurde dort durch die katholische Jugendarbeit geprägt. Das Studium der Wirtschafts- und Sozialwissenschaften in Konstanz, Bristol/England und an der London School of Economics schloss er 1982 mit der Promotion ab. Er arbeitete wissenschaftlich über den Internationalen Währungsfonds, auch in der Zentrale in Washington D.C., wandte sich aber aufgrund der umstrittenen Politik des IWF dem Journalismus zu. Dies zunächst im eigenen Pressebüro, ab 1991 bei Publik-Forum. Von 1999 bis 2019 war Wolfgang Kessler Chefredakteur der Zeitschrift. Er ist Autor zahlreicher Bücher zu sozialethischen Themen. Wolfgang Kessler wurde 2007 mit dem Internationalen Bremer Friedenspreis für »sein öffentliches Wirken für Frieden, Gerechtigkeit und Bewahrung der Schöpfung« ausgezeichnet.

Dieses Buch widme ich
Barbara, Christian, Tina und Fay

Danksagung

Dieses Buch ist auch das Ergebnis zahlreicher intensiver Diskussionen mit völlig unterschiedlichen, aber engagierten Menschen. Als erstes gebührt mein Dank allen Kolleginnen und Kollegen von Publik-Forum, die in unterschiedlichen Rollen bei dieser Zeitschrift oder für diese Zeitschrift arbeiten.

Danken möchte ich auch für intensive Dialoge bei unterschiedlichen Gelegenheiten mit Dascho Karma Ura (Bhutan), Otmar Edenhofer, Christian Felber, Sven Giegold, Silja Graupe, Friedhelm Hengsbach, Bischof Erwin Kräutler (Österreich/Brasilien), Stephan Lessenich, Boniface Mabanza (Kongo/Deutschland), Bundeskanzlerin Angela Merkel, Kumi Naidoo (Südafrika), Nico Paech, Hartmut Rosa, Antje Schrupp, Jutta Sundermann, Dieter Zetzsche sowie den Mitstreitern der Akademie Solidarische Ökonomie.

Wolfgang Kessler

Inhaltsverzeichnis

Ein Feuerwerk an Alternativen

Christian Felber über Wolfgang Kesslers Buch

Die Entwicklung eines zukunftsfähigen Wirtschaftssystems, das die Umwelt schützt, die Erträge gerecht verteilt und auf transparenten demokratischen Regeln beruht, ist – so einleuchtend das Ziel wirken mag – scheinbar unmöglich zu verwirklichen: Mächtige Interessenballungen paralysieren die Politik, mächtige Glaubenssätze die Wirtschaftswissenschaft, mächtige Gewohnheiten das Verhalten der Menschen. Echte Freiheit und Verantwortung scheinen für viele gar kein wirklich erstrebenswertes Ziel zu sein.

Wolfgang Kessler ist sich dieser vielen Widersprüche und Hindernisse auf dem Weg zu einer von so vielen Menschen ersehnten Vision einer demokratischen, gerechten und nachhaltigen Wirtschaftsweise bewusst und möchte keine unseriösen Illusionen nähren. Sein scharfer Blick erschließt aber nicht nur verborgene Finessen und noch lauernde Fallen des Kapitalismus, sondern auch eine so große Fülle von schon existierenden alternativen Ansätzen und Praktiken, dass man am Ende dieser Streitschrift zu gar keiner anderen Schlussfolgerung kommen kann, als dass tatsächlich alles zum Besseren veränderbar ist.

Der erfahrene Journalist veranschaulicht dies mit einem beeindruckenden Feuerwerk an Alternativen: von der Finanztransaktionssteuer bis zum Deutschlandfonds, vom sozialen Wohnungsbau bis zum WeBook, vom Ökobonus bis zur Kohlendioxyd-Steuer, vom Kontowechsel zu einer ethischen Bank bis zum Elektro-Car-Sharing; und von der Vision eines ethischen Welthandels bis zu einem finanzierbaren, sozial gerecht angelegten Grundeinkommen für alle.

Der nüchterne Realismus, mit dem diese Optionen vorgetragen werden, hinterlässt vielleicht die erschreckende Gewissheit, dass dieses reichhaltige Menü an möglichen Alternativen nur dann Realität werden wird, wenn jede Leserin und jeder Leser sich persönlich entscheidet, ihr oder sein Herz dafür zu öffnen, ihren oder seinen Geist darauf auszurichten und mit ihren Handlungen zu ihrer Verwirklichung beizutragen. Gandhis zeitloser Spruch »Sei du selbst der Wandel, den Du in der Welt sehen möchtest« bedeutet für die Leser eine mächtige Einladung – zu Freiheit und Verantwortung.

Christian Felber ist Buchautor, Dozent und Initiator
der Gemeinwohl-Ökonomie, die inzwischen
mehr als 2000 Unternehmen praktizieren.

Das Kapitalismus-Tabu oder: Was mich bewegt

Über Wirtschaft wird ständig geredet, doch eine breite, kritische, vorbehaltlose Diskussion über unser Wirtschaftssystem findet nicht statt. In weiten Kreisen der Gesellschaft herrscht ein Kapitalismus-Tabu. Dieses Tabu ist gefährlich.

Denn der globale Kapitalismus ist weit von jener sozialen Marktwirtschaft entfernt, die in Deutschland verehrt wird. Mit ihr wurde versucht, die wirtschaftliche Dynamik einer Marktwirtschaft mit sozialer Gerechtigkeit zu verbinden. Teilweise erfolgreich.

Klar: Auch der globale Kapitalismus hat Wohlstand gebracht. Rund zwei Milliarden Menschen leben heute viel besser als noch vor zehn Jahren. Gleichzeitig bedrohen die Triebkräfte dieses Systems inzwischen jedoch weltweit demokratische Errungenschaften, Menschenrechte und die Ressourcen der Erde. Finanzfonds und Mega-Konzerne unterwerfen die ganze Menschheit dem Diktat der Rendite. Ihre Macht geht längst über die bloße Produktion von Waren und Dienstleistungen hinaus. Diese Mega-Investoren greifen nach Wohnungen und Büros von Innenstädten, Regenwäldern und Ackerflächen ebenso wie nach deutschen Krankenhäusern und Pflegeheimen. Ihre Macht dringt in alle Poren der Gesellschaft ein. Ihre Technologien erlauben die lückenlose Überwachung aller. Sie treiben ein rasendes Wachstumskarussell an, das

10

keine Rücksicht auf Mensch, Tier und Natur nimmt. Das Klima wird immer weiter aufgeheizt. Auch demokratisch gewählte Regierungen wirken häufig nur noch als Vollzugsorgane des globalen Kapitalismus. »Diese Wirtschaft tötet«, schrieb Papst Franziskus. Sieht man von kleinen kritischen Minderheiten der Weltbevölkerung ab, scheint dies niemanden groß zu interessieren.

Für mich bestehen keine Zweifel: Dieser Kapitalismus muss grundlegend verändert werden. Aber: Dies ist leichter gesagt als getan. Auch Kritiker müssen zugeben, dass es einfach umsetzbare Alternativen nicht gibt. Wer den Kapitalismus verändern will, operiert am offenen Herzen eines Systems, in das Millionen, ja sogar Milliarden Menschen als Unternehmer, Beschäftigte, Sparer, Eigentümer, Mieter, Erwerbslose oder Verbraucher eingebunden sind. Wer – auch mit noch so gutem Willen – an den falschen Stellschrauben dreht, kann eine tiefe Krise auslösen. Mit Folgen, die eher den Faschismus fördern als Demokratie, Gerechtigkeit und Nachhaltigkeit.

Die Veränderung dieses Wirtschaftssystems erfordert deshalb zweierlei: den Mut, ohne Tabus, ohne Rücksicht auf mächtige Interessen über die Entwicklung der Wirtschaft zu diskutieren. Und sie erfordert die Kunst, am offenen Herzen des Systems so zu operieren, dass die Folgen für Mensch und Natur auf der ganzen Welt immer mitgedacht werden.

Von dieser Kunst erzählt dieses Buch.

Wolfgang Kessler, 10. April 2019

Abgründe

Der Kampf aller gegen alle
Glanz und Elend des globalen Kapitalismus

Die Welt ist aus den Fugen. Dieser Anklang an William Shakespeares Hamlet ist derzeit sehr populär. Und das ist durchaus verständlich. Denn wer wollte bestreiten, dass die Welt derzeit von extremen Widersprüchen beherrscht wird. Auch in Deutschland sind sie spürbar. Die meisten Bundesbürger leben im Wohlstand. Und doch ist ihre Verunsicherung, ihre Zukunftsangst mit Händen zu greifen. Selbst jene, die auf der Sonnenseite des Lebens stehen, haben das Gefühl, dass vieles Erreichte gefährdet ist, dass nichts so bleiben wird, wie es ist. Viele haben Angst davor, dass es ihnen und ihren Kindern oder Enkeln schlechter gehen könnte.

Typisch »German Angst«, werden manche Beobachter sagen. Angst als Charakterzug eines Volkes. Der Hinweis ist nicht ganz falsch. Er ignoriert allerdings, dass dieses Gefühl der Angst seit Jahren durch Entwicklungen bestärkt wird, die sich viele Bundesbürger vor wenigen Jahren nicht vorstellen konnten: Rund um Europa, ja sogar auch in Europa, herrschen Krieg und Terror; ganze Staaten im Nahen und Mittleren Osten oder in Afrika versinken in Gewalt; mehr als 60 Millionen Menschen sind weltweit aus ihrer Heimat geflohen, Zehntausende riskieren eher den jämmerlichen Tod im Mittelmeer, als in ihrer Heimat zu bleiben; in kriegerischen Konflikten wird Gefangenen der Kopf abgehackt und die Bilder gehen durch das Internet; gleichzeitig sterben Tier- und

15

Pflanzenarten aus, fordern Waldbrände, Wirbelstürme, Dürren und Überschwemmungen als Vorboten der Klimaerwärmung immer mehr Opfer. Als wäre das nicht schon genug, bedrohen rechte Populisten die Demokratie, die man für selbstverständlich hielt. Engagierte Bürger und Politiker werden mit Hassparolen überzogen und auf offener Straße belästigt, Flüchtlinge müssen in Unterkünften um Leib und Leben fürchten. Die Zivilisation, die Menschen, die Natur – sie sind bedroht. Zukunftsangst ist nur allzu verständlich.

Doch die Erzählung von der Welt aus den Fugen wäre nicht vollständig, gäbe es da nicht auch die andere Seite der Entwicklung, eine großartige, die oft vergessen wird: Die weltwirtschaftliche Dynamik des vergangenen Vierteljahrhunderts hat zwei Milliarden Menschen ein besseres Leben beschert; das gewiss umstrittene chinesische Regime hat rund 600 bis 700 Millionen Menschen aus der Armut befreit. Nach Angaben der Weltbank ist die Zahl derer, die in extremer Armut leben, auf zehn Prozent der Weltbevölkerung gesunken, also auf knapp 800 Millionen Menschen. Viele Sozialindikatoren weisen nach oben. Mehr Menschen als je zuvor können lesen und schreiben, die Müttersterblichkeit ist ebenso stark gesunken wie die Kindersterblichkeit. Und die Zahl der Kriege zwischen Staaten ist geringer denn je.

Die Welt aus den Fugen ist eine Welt voller Reichtum und Glanz, in der sich trotz allem die Zeichen von Selbstzerstörung mehren. Es mag viele Gründe für diese Widersprüche geben, doch einer ist besonders prägend: Wer diese Welt aus den Fugen verstehen will, muss sich die Weltwirtschaft der vergangenen dreißig Jahren und ihre Triebkräfte vor Augen führen.

Die globale Entfesselung der Marktkräfte

Es gibt ein Zauberwort, um das die wirtschaftliche und soziale Entwicklung kreist: Globalisierung. Laut Wikipedia taucht der Begriff im Laufe der 1960er-Jahre zum ersten Mal auf. Damals begannen die großen Unternehmen, Teile ihrer Produktion in sogenannte Niedrigkostenländer zu verlagern. So entstand in den 1970er- und 1980er-Jahren eine neue internationale Arbeitsteilung: Die Niedrigkostenländer erhalten moderne Technologien und industrielle Arbeitsplätze, die Wohlstandsländer billigere Waren, die transnationalen Konzerne steigern ihre Macht und ihre Gewinne, weil sie zu niedrigen Kosten produzieren und dabei die einzelnen Länder gegeneinander ausspielen können. Wer damals die Entwicklung kommentierte, sprach oft von einer ungeheuren Dynamik. Dabei waren große, realsozialistisch organisierte Teile der Welt wie Osteuropa oder China von dieser Entwicklung ausgeschlossen. Erst nach einer politischen Revolution wurde deutlich, was kapitalistische Dynamik wirklich bedeutet: 1989.

Da überwanden mutige Demokraten unter der Schirmherrschaft des damaligen Generalsekretärs des Zentralkomitees der KPdSU, Michail Gorbatschow, den real existierenden Sozialismus in der Sowjetunion. Für Millionen Menschen bedeutete diese friedliche Revolution politische und bürgerliche Rechte. Ein Highlight der Geschichte.

Doch dieser politischen Revolution folgte eine globale wirtschaftliche Revolution. Westliche Regierungen, allen voran die USA und Großbritannien, nutzten die Überwindung des real existierenden Sozialismus, um den ungebändigten Kapitalismus über die ganze Welt zu verbreiten. Gemäß der Doktrin des Neoliberalismus, die bereits seit Margaret Thatchers Regierungsübernahme im Jahre 1979 ihre Wirkung in Großbritannien entfaltete, versuchte die Politik, den Staat aus der Wirtschaft zurückzudrängen. Staatliche Regelungen wurden abgeschafft, öffentliche Betriebe und Dienstleistungen privatisiert sowie Steuern, aber auch Sozialleistungen, gesenkt.

Und das Wichtigste: Sehr viele Begrenzungen für das Kapital wurden abgebaut. Das veränderte das Finanzsystem und die Weltwirtschaft. Während in den 1980er-Jahren Kapitalüberweisungen von einem Land in das andere kontrolliert wurden, konnten nun alle, die Geld hatten, ihr Kapital in wenigen Minuten in jede Ecke der Welt überweisen. Und sie taten und tun es. Die einen, um möglichst geringe Steuern zu bezahlen, die anderen, um jeden Unterschied an möglicher Rendite zwischen den verschiedenen Weltregionen für sich auszunutzen. Diese Liberalisierung der Finanzmärkte entfesselte den globalen Kapitalismus, im wahrsten Sinne des Wortes: Noch im März 2009, ein halbes Jahr nach dem Zusammenbruch von Lehman Brothers, verkaufte die Zürcher Börse rund 3000 Wertpapiere pro Sekunde. Inzwischen rechnen die Börsen nicht mehr in Sekunden. Sie versuchen, in jeder Millisekunde 80 000 Geschäfte abzuwickeln. Das läuft ohne direkten menschlichen Zugriff, nur über Computer-Software.

Diese Entfesselung der Finanzmärkte ließ die Triebkräfte des Kapitalismus explodieren. Die Welt wurde in wenigen Jahren zu einem großen Marktplatz, mit harter Konkurrenz zwischen großen Konzernen. Flexibel wie selten zuvor können die Unternehmen ständig neu darüber entscheiden, wo sie welche Teile ihrer Produkte herstellen und wo sie sie anbieten. Die Konkurrenz treibt die Unternehmen von Erfindung zu Erfindung, von Angebot zu Angebot. Erleichtert und beschleunigt wurden diese Entscheidungen durch digitale Technologien. Es war und ist kein Kunststück, Software preisgünstig in Indien entwickeln zu lassen und dann weltweit zur Anwendung zu bringen.

Mit diesen Möglichkeiten vor Augen setzte sich die Politik der westlichen Industrienationen, aber auch jene in China, Russland und in zahlreichen Schwellenländern, neue Ziele. Fortan ging es ihnen darum, die Chancen ihrer Exporteure auf dem Marktplatz namens Welt zu erhöhen, um den heimischen Lebensstandard zu steigern. Ob es sich um Rohwaren, landwirtschaftliche Exporte, Billigprodukte oder Industriegüter handelt – je mehr Exporte, desto besser. Und es wurden erheblich mehr. Seit 1995 hat sich der Welthandel mehr als versechsfacht.

Der Glanz der Globalisierung

Dieses weltweite Wirtschaftswachstum ließ den weltweiten Reichtum explodieren – nicht nur den der Superreichen. Sogar die Wachstumskritiker des *Club of Rome* honorierten in ihrem Bericht »Wir sind dran« aus dem Jahre 2018, dass diese Entwicklung für ein »erstaunliches Einkommenswachstum« in Schwellenländern wie China, Indien, Brasilien, Indonesien sorgte und fast zwei Milliarden Menschen aus der Armut befreite. Selbst unter den Persönlichkeiten der Welt mit den höchsten Vermögen finden sich immer mehr aus der sogenannten Dritten Welt. In einem Armenhaus wie Indien konsumieren mehr Menschen auf europäischem Niveau, als Deutschland Einwohner zählt. China und Indien zusammen zählen mehr kaufkräftige Konsumenten als die Europäische Union.

In vielen Regionen der Welt führte die wirtschaftliche Globalisierung auch zu mehr Rechten und zu höheren politischen Ansprüchen der Menschen. Nicht wenige Kapitalismuskritiker bezweifeln, dass politische Freiheitsbewegungen viel mit diesem Wirtschaftssystem zu tun haben. Doch auch hier hat die Entwick-

19

lung zwei Seiten: Zum einen geht Kapitalismus gut zusammen mit autoritären Regimen, die den Konzernen genügend Freiraum lassen, aber Gewerkschaften und soziale Bewegungen verbieten oder blockieren, damit die Unternehmen nicht durch höhere Löhne und Sozialleistungen zur Abwanderung gedrängt werden. In vielen Staaten sorgte eine unheilige Allianz von Diktatoren und Konzernherren dafür, dass hohes Wirtschaftswachstum mit der Ausbeutung von Beschäftigten einherging und einhergeht.

Allerdings gerät diese unheilige Allianz durch die rasante Entwicklung des Kapitalismus mit der Zeit unter Druck, denn die Konkurrenzfähigkeit von Unternehmen erfordert ab einem bestimmten Entwicklungsstandard ein wachsendes Maß an Ausbildung, an individueller Bewegungs- und Konsumfreiheit der Bürger. Auf lange Sicht fördert dies auch politische und soziale Bewegungen, weil sich individuelle Freiheiten nicht auf den Konsum oder auf die Arbeitsmobilität reduzieren lassen. Zu allem kam und kommt die Entwicklung moderner Kommunikationstechnologien, die soziale Bewegungen – gerade unter diktatorischen Bedingungen – für sich nutzen können. So verwundert es nicht, dass in den vergangenen dreißig Jahren überall auf der Welt demokratische Bewegungen wuchsen, die ihre Regierungen herausforderten. Fast ganz Lateinamerika ist inzwischen zumindest formal demokratisch, nachdem sich *Amnesty International* in den 1970er- und 1980er-Jahren vor allem mit lateinamerikanischen Militärdiktaturen herumschlagen musste.

Auch der arabische Frühling wäre ohne Globalisierung nicht denkbar gewesen. Es gibt breite Demokratiebewegungen in Malaysia, in Hongkong, in Pakistan, auch in einigen Staaten Afrikas. Klar ist: Die Unterdrückung der Menschenrechte hat kaum nachgelassen. Dennoch bildeten sich mächtige Bewegungen für Demokratie und Freiheitsrechte. Man denke nur an die Frauenbewegung, die Länder wie Indien oder ganz Lateinamerika verändert oder bereits verändert hat. Oder man denke an die Bewegung von Indigenen, die Freiheit und kulturelle Eigenständigkeit einfordern.

Das Elend der sozialen Spaltung

Diesem Glanz der Globalisierung stehen jedoch extreme Probleme gegenüber. Wo der Kapitalismus einzieht, wächst das Bewusstsein, dass nur zählt, wer und was sich rechnet. Wo dieses Wirtschaftssystem herrscht, spaltet es die Menschen in Gewinner und Verlierer. Die Kluft zwischen Gewinnern und Verlierern wird dabei umso größer, je ungehemmter sich der Kapitalismus entfalten kann, je weniger staatliche Regulierung es gibt.

So entstehen weltweit jene Gegensätze, die niemand mehr fassen kann. Während in der indischen IT-Metropole Bangalore die Sektkorken der Globalisierungsgewinner fast so oft knallen wie in New York, sammelt die Müllabfuhr in Kalkutta jeden Morgen die Leichen der Verhungerten zusammen, die offensichtlich nichts zählen. Indien ist das Sinnbild für extreme Ungleichheit: Während 120 Millionen Menschen von der Entwicklung profitierten, leben rund 500 Millionen Inderinnen und Inder in extremer Armut, also von weniger als 1,90 US-Dollar pro Tag.

Weltweit ist die Kluft zwischen Arm und Reich inzwischen unfassbar groß. Nach dem Ungleichheitsbericht der Entwicklungsorganisation *Oxfam* – vorgestellt auf dem Weltwirtschaftsforum in Davos im Februar 2019 – besaßen die acht reichsten Menschen der Welt 2017 so viel Geld wie die ärmere Hälfte der Menschheit. Und die Kluft wird jedes Jahr tiefer. Während die Vermögen der 1892 Milliardäre, die die Welt kennt, 2017 täglich um 2,5 Milliarden US-Dollar wachsen (pro Jahr um etwa zwölf Prozent), nahm das ohnehin geringe »Vermögen«, das sich die ärmere Hälfte der Menschheit teilt, 2017 noch um eine halbe Milliarde US-Dollar ab.

Und wie in den 1950er- und 1960er-Jahren liefern die Armen den Rohstoff für den Wohlstand der Reichen. Dreißig Prozent der Nahrungsmittel sind Futtermittel für Tiere – der Fleischkonsum steigt weltweit rasant. Millionen fleißige Textilarbeiterinnen schneidern zu Hungerlöhnen in baufälligen Fabriken, damit die Reichen T-Shirts für drei Euro kaufen können. Vor allem in den ärmsten Ländern, in Afrika, im Nahen Osten, ist die Kluft zwischen wenigen Gewinnern von Rohstoffexporten, von Warlords und der Masse an Besitzlosen besonders groß. Oft genug zerstören die Industrieländer mit ihren hoch subventionierten Luxusprodukten wie Hähnchenschenkel oder Weißbrot noch die verbliebenen Ansätze lokaler Produktion. In einer Welt, in der 2019 rund 2,5 Milliarden Menschen online sind, kostet die Ausbeutung der Rohstoffe für die Elektronik immer mehr Menschenleben. Diese Armut ist – neben der Unterdrückung der Frauen – die wichtigste Ursache für eine hohe Geburtenrate, die die Armut wiederum verschärft. Und es ist diese Armut, die die Menschen in die Flucht treibt.

Afrika, Mittelamerika und Südasien sind sicherlich nicht überall. Dennoch spitzt sich die soziale Ungleichheit auch in den reichen Ländern des Westens zu. Auch hierzulande wächst die Kluft zwischen den zehn Prozent Reichsten, die jedes Jahr mehr vom privaten Gesamtvermögen besitzen, und der ärmeren Hälfte der Bevölkerung. Nach den Zahlen des *Deutschen Instituts für Wirtschaftsforschung* aus dem Jahre 2018 verfügten die zehn Prozent reichsten Haushalte 2014 über 63,8 Prozent des privaten Gesamtvermögens. Ihr Anteil wächst Jahr für Jahr. Die 45 reichsten Deutschen besitzen so viel wie 49 Prozent aller Deutschen. Und laut *Oxfam* sind auch die Vermögen der 123 deutschen Milliardäre

2017 um ein Fünftel gewachsen. Laut *Statistischem Bundesamt* waren gleichzeitig rund 15,5 Millionen Menschen in Deutschland von Armut oder sozialer Ausgrenzung bedroht, darunter 3,6 Millionen Kinder und Jugendliche. Die Einkommens- und Vermögensverteilung fast aller reichen Industrieländer entwickelt sich ähnlich: Die Ungleichheit nimmt zu.

Doch die Spaltung geht längst über die Dimension von Vermögen und Einkommen hinaus. In fast allen Industrieländern wächst die Kluft zwischen Städten und ländlichen Regionen; zwischen Menschen, die in untergehenden Branchen arbeiten, und jenen in modernen Branchen; zwischen jenen mit sozial abgesicherten Jobs und jenen mit prekären; zwischen jenen, die sich eine solide Wohnung in einem soliden Wohnviertel leisten können, und jenen, die an den steigenden Mieten scheitern.

Dies ist die Folge eines globalen Kapitalismus, der die Welt fast täglich neu erfindet. Firmen werden hier geschlossen und dort neue eröffnet; sie werden von Eigentümern, die oft niemand kennt, an andere Eigentümer verkauft, die auch niemand kennt – und dies immer öfter. Das Elend des Kapitalismus zieht sich durch die Geschichte: Er steigert ständig die Produktivität, doch Chancen, Erlöse und Kosten werden höchst ungleich verteilt – national und weltweit.

Wie im Westen so auf Erden

Es ist eine bittere, aber folgerichtige Tragik der Geschichte, dass ein Wirtschaftssystem mit seinen Produktivkräften ständig Grenzen sprengt und nun an die härteste Grenze stößt, die es gibt: an die Natur und ihre Ressourcen. Der Grund liegt darin, dass der Kapitalismus immer und überall auf das höchstmögliche Wachstum setzt. Die Kombination aus Konkurrenz, Gewinnstreben und Pri-

23

vateigentum, die dieses Wirtschaftssystem »auszeichnet«, zielt immer auf mehr, ist hemmungslos expansiv.

Seit Jahren expandiert es über die ganze Welt. Es ist nicht irgendeine Wirtschaftsweise, die über die ganze Erde verbreitet wird, sondern der American Way of Life, der Lebens- und Wirtschaftsstil von Hunderten Millionen US-Amerikanern und Europäern. Mehr als sieben Milliarden Menschen träumen den Traum von mehr und neuen Häusern, Autos, Computern und Kühlschränken, wie ihn die Amerikaner und auch die Deutschen vorleben. Damit träumen Milliarden Menschen weltweit von einer Lebensweise, »die sich an den ökologischen und sozialen Ressourcen andernorts bedient, um sich selbst einen hohen Lebensstandard zu sichern«, wie Markus Wissen und Ulrich Brand dies in ihrem Buch »Imperiale Lebensweise« (2017) formulieren.

Solange die Bürger und die Konzerne in den reichen Ländern diese Wirtschafts- und Lebensweise ungeniert vorleben, haben auch die Menschen und Unternehmen in allen anderen Ländern das Recht, so zu arbeiten und so zu leben wie die Reichen. Wenn allerdings der Westen weiterhin imperial lebt und einen Großteil der Ressourcen für sich beansprucht, während der Süden und der Osten genau diese Wirtschafts- und Lebensweise nachahmen, dann wird die Erde auf eine Weise überlastet, die sich bereits heute zeigt. Der *Club of Rome* zählt in seinem Bericht aus dem Jahre 2018 auf, welch hohes Maß an Zerstörung die Triebkräfte des globalen Kapitalismus in Verbindung mit der imperialen Lebensweise bereits heute verursachen: Arten sterben aus, die chemische Verschmutzung nimmt überall zu, die Meere vermüllen, die Fischgründe sind übernutzt, die Ozeane versauern, viele Böden sind unfruchtbar, die Regenwälder werden abgeholzt – und die Rohstoffe schneller ausgebeutet als je zuvor in der Menschheitsgeschichte.

24

Auch der globale Ausstoß von Treibhausgasen – vor allem Kohlendioxid, aber auch von Methan – ist 2018 deutlich angestiegen. Ende des Jahres hatte die Produktion von Kohlendioxid einen neuen Rekordwert erreicht. Das zeigt eine Studie des internationalen Forschungsverbundes *Global Carbon Project*. Das Plus beträgt rund 2,7 Prozent. Der Koautor der Studie, Glen Peters vom *Zentrum für Internationale Klima- und Umweltforschung* (CICERO) in Oslo, kommentierte: »Der Anstieg im letzten Jahr konnte noch als einmalig gesehen werden, aber in diesem Jahr ist das Wachstum noch höher.« Damit sei klar, dass die Welt es nicht schaffe, einen Kurs einzuschlagen, der mit dem Pariser Klimavertrag vereinbar ist. Nach diesem Abkommen soll die Erwärmung der Erde auf 1,5 bis 2 Grad gegenüber dem vorindustriellen Niveau begrenzt werden.

In der Klimafrage zeigt sich das Grundproblem einer Entwicklung nach dem Muster »Wie im Westen so auf Erden«: Die reichen Industriestaaten sparen kaum Treibhausgase ein, während die Schwellenländer wirtschaftlich aufholen und immer mehr Treibhausgase ausstoßen. Kräftig eingeheizt hat China, das Land, das weltweit mit 27 Prozent Anteil ohnehin mit Abstand am meisten Treibhausgase produziert. Die Emissionen lagen 2018 um 4,7 Prozent höher als im Vorjahr. Ein noch stärkeres Wachstum hat Indien zu verzeichnen. Dort stiegen die Emissionen um sechs Prozent. Auch die USA, mit 14 Prozent Nummer zwei beim CO_2-Ausstoß weltweit, pustete 2018 um 2,5 Prozent mehr Kohlendioxid in die Luft. Deutschland hat Probleme mit den selbst gesetzten Klimazielen.

Besonders beunruhigend ist, dass die weltwirtschaftliche Entwicklung noch immer stark auf der Verbrennung fossiler Rohstoffe wie Kohle, Öl oder Gas beruht, auch wenn die erneuerbaren Energieträger im Kommen sind. Trotz aller Bemühungen, auch von Ländern wie China, die Gewinnung von Strom aus Kohle zurückzudrängen, hat »King Coal in den vergangenen Jahren ein spektakuläres Comeback hingelegt«, wie die Klimaökonomen Ottmar Edenhofer und Michael Jakob in ihrem Buch »Klimapolitik« (2017) schreiben. Denn der Rückzug mancher Länder aus der Kohle treibt den Preis für diesen Rohstoff auf dem Weltmarkt nach unten. »Schwellenländer wie Indonesien, die Türkei, Ägypten, die Phillippinen, Korea, Japan, Bangladesch oder Taiwan planen deshalb neue Kohlekraftwerke«, schreiben Edenhofer und Jakob. Das fossile Zeitalter ist noch lange nicht zu Ende, die weltweite Entwicklung nach dem Muster »Wie im Westen so auf Erden« erhöht den Druck auf das Klima und auf die endlichen Ressourcen.

Digitalisierung: Rettungsanker oder Brandbeschleuniger

Dem alten Zauberwort Globalisierung folgt bereits ein neues: Digitalisierung. Auch dieses verheißt grundlegende Veränderungen der Wirtschaftsweise und des Lebens. Digitalisierung – das bedeutet, vereinfacht gesagt, dass Geschriebenes oder etwa Fotos nicht mehr analog auf Papier festgehalten, archiviert oder versandt werden, sondern in Daten verwandelt (eingescannt), gespeichert und per Internet verschickt werden. Daten steuern inzwischen viele Prozesse. Die Digitalisierung als allumfassender Prozess wurde möglich, weil die Speichertechnologien zu einem immer günstigeren Preis immer leistungsfähiger werden. Auf diese Weise können viele Informationen einfach von Computer zu Computer geschickt, gespeichert und bearbeitet werden. Alles kann vermessen, in Daten erhoben und miteinander vernetzt werden.

Dies ist auch die Grundlage für die verschiedenen Ausformungen von künstlicher Intelligenz: Roboter übernehmen menschliche Fähigkeiten, indem sie miteinander kommunizieren und sich selbst steuern. Sie können Beratungsgespräche führen und Autos durch den Verkehr lenken. Die Computersoftware Ross von IBM hat mehrere Milliarden Gesetzestexte gespeichert und spuckt auf Wunsch Beurteilungen in dreißig Sprachen aus.

Niemand bestreitet, dass die Digitalisierung Vorteile bringen kann. Flächendeckendes schnelles Internet kann die ländlichen Räume aufwerten; digitale Techniken werden die Arbeitswelt sauberer machen. Videokonferenzen und Homeoffice entlasten den Verkehr. Künstliche Intelligenz kann von Nutzen sein in der Medizin oder in der Pflege. Selbstfahrende Autors werden die Zahl der Unfälle verringern. Smartphones und andere digitale Geräte tragen in ländlichen Regionen der Dritten Welt bereits heute zu wirtschaftlicher Entwicklung bei.

Wem die Digitalisierung von Wirtschaft und Leben aber wirklich nützt, das hängt entscheidend von den Rahmenbedingungen ihres Einsatzes ab. Es gibt zwar viele kleine Unternehmen, die digitale Projekte vorantreiben. Doch großflächig setzt der Finanzkapitalismus den Rahmen für die Digitalisierung. Eingesetzt wird, was langfristige, hohe Gewinne für Großunternehmen verspricht. Deshalb sind die Chancen groß, dass sich die Digitalisierung in vielen Wirtschaftsbereichen schnell durchsetzt.

Doch ebenso groß sind die Gefahren. Unter dem Druck der Rendite werden Unternehmen alles machen, was technisch möglich ist. Wird dies nicht staatlich reguliert oder durch Verbraucher gebremst, dürfte die Kluft zwischen Gewinnern und Verlierern noch tiefer werden. Wenn die Arbeitswelt weiter roboterisiert wird, wenn Maschinen Beratungsgespräche führen, Verwaltungsvorgänge übernehmen und sich in der Industrie selbst steuern, wird die Zahl der sozial abgesicherten Arbeitsplätze abnehmen, die Zahl der prekären Arbeitsplätze aber zunehmen. Schon heute arbeiten in Deutschland 500 000 digitale Tagelöhner, sogenannte Crowdworker, als Zuarbeiter für Texte im Internet – für wenige Euro pro Stunde. Die Gewinne der Unternehmen dagegen werden steigen. Umso dringlicher wären Diskussionen darüber, wie die Digitalisierungserlöse gerecht verteilt werden können. Doch die Debatten finden nur in kleinen Zirkeln statt.

Auch die ökologischen Belastungen durch Digitalisierung werden bisher kaum angesprochen. Im Gegenteil: Digitale Technologien wirken smart und sauber, ganz anders als Dieselmotoren und Kohlekraftwerke. Ganz im Gegensatz dazu ist ihr Stromverbrauch hoch. Eine einzige Internetsuche verbraucht laut Google so viel Energie wie eine Elf-Watt-LED-Birne, die sechs Minuten brennt. Bedenkt man, dass inzwischen 2,5 Milliarden Erdenbürger online sind, kann man sich den hohen Stromverbrauch des Internets vorstellen. Und wer über Kryptowährungen wie den Bitcoin nachdenkt, stellt schnell fest, dass die Gewinnung von Bitcoins derzeit mehr Strom verbraucht als ein Land wie Irland.

Ähnlich groß ist der Energieverbrauch selbstfahrender Autos. Um laufend die Umgebung zu scannen, so der Berliner Wissenschaftler Tilman Santarius auf der Konferenz »Bits und Bäume« im November 2018, benötigen diese Fahrzeuge Kameras, Radar- und GPS-Systeme und vieles mehr, um den Fahrvorgang verkehrssicher zu bewältigen. »Bei durchgehendem Betrieb fressen diese Systeme bis zu vierzig Gigabyte an Daten pro Tag«, sagt Santarius. »Allein zwei Millionen selbstfahrende Autos würden dann die gleiche Datenmenge erzeugen wie die Hälfte der Weltbevölkerung – mit einem stark steigenden Strombedarf.« Spätestens dann stellt sich die Frage, wie diese Menge an Strom klimagerecht erzeugt werden kann, hierzulande, in Schwellenländern und in den armen Ländern.

28

So droht denn die Digitalisierung die Kluft zwischen Arm und Reich, zwischen Gewinnern und Verlierern weiter zu vergrößern. Und noch dazu sind alle digitalen Technologien glänzend dafür geeignet, Menschen zu überwachen und zu kontrollieren – ein gefundenes Fressen für diktatorische Systeme.

Kein Zweifel: Digitale Techniken können die Weltwirtschaft nachhaltiger gestalten. Wenn sie allerdings von Großkonzernen im globalen Konkurrenzkampf nach den Gesetzen des rasanten globalen Finanzkapitalismus eingesetzt werden, dann gelten ethische Bedenken, soziale Kosten, gesundheitliche Einwände oder ökologische Belastungen schnell als Investitionshemmnisse für neues Wachstum. Und wenn die Problemkinder einmal im Brunnen liegen, kann sie so schnell niemand mehr retten.

Kampf um Lebenschancen – bei begrenzten Ressourcen

So schaukelt sich in der Weltgesellschaft ein brandgefährlicher Konflikt hoch. Die globale Expansion des Kapitalismus eröffnet mehr Lebenschancen für mehr Menschen. Andererseits verbraucht diese Entwicklung täglich weit mehr Ressourcen, als nachwachsen, geht die weltweite industrielle Entwicklung mit Zerstörung einher. Statt der Verheißung von Freiheit und Wohlstand für alle erleben wir eine Welt, in der alle gegen alle um mehr Lebenschancen und politischen Einfluss kämpfen – während das Klima und die Natur dem materiellen Wachstum Grenzen setzen.

Dieser Konflikt zeigt sich auf vielfältige Weise und in unterschiedlichen Regionen. In vielen armen Ländern Afrikas regieren Massenarmut und Gewalt. Oft genug unterdrücken Diktatoren oder Warlords die Menschen – und treiben Millionen in die Flucht. In islamischen Staaten – aber nicht nur dort – wächst seit Jahrzehnten der Extremismus, weil diese Länder zu den rückständigsten der

29

Welt zählen. Und weil der westlich geprägte Kapitalismus zwar mit Wohlstand und Freiheit winkt, aber religiöse, kulturelle und ethnische Traditionen gnadenlos der Ökonomie unterwirft – und dabei eine westliche Vorherrschaft etabliert. Dies ist eine der Ursachen für Terror und Gewalt – wenn auch nicht die einzige.

Doch auch in reichen Ländern und in aufstrebenden Schwellenländern gewinnt der Kampf aller gegen alle an Brisanz. Die Handelskonflikte zwischen den USA, Europa und China sind nichts anderes als der Versuch jeder Macht, ihren Anteil am Weltmarkt auf Kosten der anderen Mächte zu erhöhen – auch, weil sich der Weltmarkt nicht beliebig dehnen lässt.

Dieser Kampf aller gegen alle hat der Welt einen neuen Rüstungswettlauf beschert. »Auf knapp 1,45 Billionen Euro sind die Rüstungsausgaben im Jahr 2017 weltweit gestiegen. So stark wie seit dem Kalten Krieg nicht mehr«, heißt es beim Friedensforschungsinstitut *Stockholm International Peace Research Institute* (SIPRI). Nach dessen Berechnungen belegen die USA nach wie vor Platz eins, danach folgen China, Saudi-Arabien, Russland und an fünfter Stelle Indien. Insbesondere die Mehrausgaben in Asien und in Ländern Afrikas macht der SIPRI-Wissenschaftlerin Aude Fleurant Sorgen: »Die erhöhten Militärausgaben in Ländern, deren Regionen ein Konfliktpotenzial haben, beunruhigen uns sehr. Da ist zum Beispiel China und der Territorialstreit im Südchinesischen Meer. Es gibt Grenzkonflikte zwischen Indien, Pakistan und Bangladesch.« Nicht selten werden lokale Konflikte durch Groß- und Regionalmächte angeheizt.

Dieser Rüstungswettlauf kennt auch Gewinner: Allein 2017 verkauften die 100 größten Rüstungsunternehmen der Welt Waffen und militärische Dienstleistungen im Wert von 398,2 Milliarden US-Dollar (rund 350 Milliarden Euro). Und alle nehmen teil.

Auch die Bundesregierung liefert Waffen in Kriegsgebiete und an brutale Regime. Erst kommen die Waffen, dann kommt die Moral.

Diese Welt der Gewalt, des Kampfes aller gegen alle um begrenzte Ressourcen bietet einen gut gedüngten Nährboden für jene, die an friedlichen, demokratischen Auseinandersetzungen, an freier Presse, an Opposition, überhaupt an Demokratie kein Interesse haben: autoritäre Regenten und Regime, die mit Gewalt den Anteil ihres Landes am Weltmarkt erhöhen wollen; Staatschefs, die sich die Ängste ihrer Bevölkerung und soziale, ethnische oder kulturelle Gegensätze zunutze machen; Fanatiker, die diese Ängste aufnehmen und die Menschen mit einfachen Hassparolen gegeneinander hetzen, oft genug unterlegt mit religiösen Phrasen als Brandbeschleuniger. Der Kampf aller gegen alle ist die größte Bedrohung für demokratische Systeme weltweit.

Es ist der globale Kapitalismus, der diese Entwicklungen anstachelt und verschärft. Er beruht auf Konkurrenz, auf Spaltung, auf Gewinnen der einen auf Kosten anderer, auf Wachstum, das Ressourcen aufzehrt. Und er ist noch lange nicht auf dem Rückzug. Im Gegenteil. Die finanzkräftigsten Player der Welt sind gerade dabei, diese »Welt aus den Fugen« neu zu ordnen – und unter sich aufzuteilen. Und diese Neuordnung bekommen auch die Bundesbürger zu spüren.

Wem gehört die Welt?

Auf dem Weg in die kapitalistische Diktatur

Fast unbemerkt von der Öffentlichkeit haben sich die Machtverhältnisse im globalen Kapitalismus in den vergangenen dreißig Jahren grundlegend verändert. Doch die Erkenntnisse, wer die Welt wirklich beherrscht, dringen nur langsam in die öffentliche Diskussion vor, von der politischen Debatte ganz schweigen.

Dass es inzwischen überhaupt Einblicke in die Welt der neuen Mächtigen gibt, verdanken wir einer Expertengruppe um den Wirtschaftsjournalisten Hans-Jürgen Jakobs. Mit einem Team von fünfzig Journalisten des *Handelsblattes* und Mitarbeitern des *Handelsblatt Research Institute* untersuchte er über mehrere Jahre die neuen Machtverhältnisse im globalen Kapitalismus und stellte sie in einem Buch detailliert zusammen. Sein Titel: »Wem gehört die Welt?« (2016). Jakobs Schlussfolgerung aus diesen Untersuchungen lautet: »Die Welt gehört nicht denen, von denen wir glauben, dass sie ihnen gehört. Mächtig sind Finanzgewaltige, um die sich weder die Politik noch die Medien kümmern«: nämlich Schattenbanken und Staatsfonds. Dazu kommen die großen Datenkonzerne.

Blackrock und andere Schattenbanken

Bei den Schattenbanken handelt es sich um globale Vermögenskonzerne, Pensionskassen, Hedgefonds oder Private-Equity-Firmen. Sie heißen Schattenbanken, weil sie nicht alle Bankgeschäfte

32

tätigen. Sie verwalten das Vermögen von Stiftungen, reichen Institutionen, Versicherungen, Konzernen oder superreichen Einzelnen. Dabei gewähren sie Kredite, beteiligen sich an Unternehmen und spielen generell mit der gesamten Klaviatur der Anlagemöglichkeiten. Aber: Da sie nicht als Banken gelten, unterliegen sie nicht den Regulierungsmechanismen für Kreditinstitute, die nach der Finanzkrise verschärft wurden.

Dieses Privileg verleiht den Schattenbanken eine Macht, die über das schiere Vermögen hinausgeht, das sie verwalten. Alle Geldkonzerne zusammen investieren 78 000 Milliarden US-Dollar. Das ist mehr als das Bruttoinlandsprodukt der ganzen Welt. Der größte und mächtigste unter den Vermögensverwaltern ist *Blackrock* (zu Deutsch: schwarzer Fels). Laut *Statista* verfügte die Anlagegesellschaft Ende 2017 über ein Kapital von 6600 Milliarden US-Dollar – fast doppelt so viel wie das deutsche Bruttoinlandsprodukt pro Jahr. Der schwarze Fels ist an 17 000 Unternehmen weltweit beteiligt, an allen großen Weltkonzernen und an allen dreißig Dax-Unternehmen, in zehn von ihnen ist er der größte Einzelaktionär. Allein das Aktienvermögen von Blackrock beziffert sich auf rund 2500 Milliarden US-Dollar.

Bei seinen Investitionen stützt sich Blackrock auf ein gigantisches Computersystem, das aus 5000 Großrechnern besteht und von ungezählten Analysten bedient und ausgewertet wird. Diese Analysen dienen vor allem dazu, die Investitionen täglich auf die langfristig höchstmögliche Rendite auszurichten.

Auch der politische Einfluss von Blackrock ist sprichwörtlich. Blackrock-Chef Laurence Fink ist auf allen wichtigen Konferenzen von Politik und Wirtschaft Ehrengast, zum Beispiel beim alljährlichen Weltwirtschaftsforum in Davos. Die Beziehung von Blackrock zur Politik könnte enger kaum sein. Der ehemalige US-

Präsident Barack Obama erteilte dem schwarzen Felsen einst den Auftrag, die bankrotten Versicherungen und Banken der USA abzuwickeln. Das tat der Finanzkonzern gerne, denn auf diese Weise erhielt er tiefe Einblicke in die Bankenwelt der USA. Gute Kontakte von Blackrock-Chef Laurence Fink zu Mario Draghi sorgten dafür, dass Blackrock vor einigen Jahren auch die Risikoanalysen für Bankenrettungen in Europa erstellen durfte – und ebenfalls tiefe Einblicke in die Geschäftsbücher dieser Banken erhielt. Es ist in Frankfurt ein offenes Geheimnis, dass Laurence Fink und Mario Draghi auch über Geldpolitik kommunizieren. Ändert sich die Zinsstrategie, dürfte es Fink als Erster wissen.

Ethik ja, aber welche

Glaubt man Fink, dann folgen die Investitionen von Blackrock durchaus ethischen Prinzipien. Und das ist nicht gelogen: Der schwarze Fels hat eine Abneigung gegen korrupte Verwaltungen und verfilzte, altmodische Unternehmen. So verhinderte der Geldkonzern, dass Josef Ackermann 2012 einfach vom Vorstandsposten der Deutschen Bank auf den Posten des Aufsichtsratsvorsitzenden wechseln konnte. Zuweilen moniert Blackrock auch den geringen Frauenanteil im Management, weil Unternehmen durch gemischte Teams effektiver und kreativer wirtschafteten, so die Philosophie der Vermögensverwalter.

Diese Art von Unternehmensethik darf jedoch über eines nicht hinwegtäuschen: Das wichtigste Ziel der Vermögensverwalter ist es, ihren Geldanlegern möglichst hohe Renditen zu sichern. Dies zeigt sich auf speziellen Konferenzen, auf denen die Konzernherren darlegen müssen, warum Blackrock gerade bei ihnen investieren sollte. Diese Konferenzen gelten als knallhart: Je nach Einschätzung geht der Daumen der Vermögensbosse rauf oder runter, wie einst bei den Gladiatoren im alten Rom. Bei diesen Entscheidungen spielt die innere Sauberkeit und Modernität von Unternehmen eine Rolle, ethische Ziele des Wirtschaftens wie Gerechtigkeit, Umweltschutz, Klimaschutz oder ein demokratisches Umfeld aber keine.

Wenn Staaten Geld anlegen

Zu den mächtigsten Institutionen der Welt gehören auch Staatsfonds. Besonders mächtig sind die Fonds arabischer Staaten. Sie heißen *Abu Dhabi Investment Authority* (in der Hand der Vereinigten Arabischen Emirate), SAMA *Foreign Holdings* (in der Hand des saudischen Königshauses) oder *Kuwait Investment Authority*. Gefüttert werden diese Fonds mit Milliarden aus dem Ölgeschäft. Diese legen die Fondsmanager an, um auch dann noch Erlöse zu erzielen, wenn das Öl zur Neige geht. Nicht wenige europäische Konzerne wie die Deutsche Bank, *Daimler, Volkswagen* oder der Schweizer Rohstoffmagnat *Glencore* hängen von arabischen Staatsfonds ab.

Immer mächtiger werden inzwischen die chinesischen Staatsfonds. Am *State Administration of Foreign Exchange* zeigt sich das Ziel, das Chinas Führung mit diesem Fonds verfolgt: Als Finanzgrundlage dienen die Exportüberschüsse des Landes, die zu einem großen Teil durch Billigexporte erzielt werden. Mit diesen Einnahmen kaufen sie sich in internationale Technologieunternehmen ein, um die chinesische Wirtschaft zu modernisieren. Oder sie investieren in die Ausbeutung von Rohstoffen oder in Ackerland in Afrika, um – vor allem langfristig – die Ernährung der rund 1,4 Milliarden Chinesen zu sichern.

Wer denkt, dass Staatsfonds auch ethischen Prinzipien folgen, sieht sich zumeist getäuscht. Den meisten geht es um Rendite und den Erwerb von Technologien oder Ackerland. Eine gewisse Sonderrolle spielt lediglich der ebenfalls mit Ölmilliarden gespeiste norwegische Staatsfonds *Norges Invest*. Er zählt Nachhaltigkeit, Steuerehrlichkeit, »Humanität« (keine Kinderarbeit) und Transparenz zu den Bedingungen für die Investition seines Geldes.

Alle »googeln«: Die Macht der Datenkonzerne

Die dritte Gruppe der Weltenherrscher sind die Digitalkonzerne, insbesondere die US-amerikanischen Riesen *Alphabet* (Google), *Apple, Facebook* und *Amazon*. Sie haben etwas, was alle Unternehmen gerne wollen, aber nicht viele haben: die Daten ihrer User. Und sie verfügen über jede Menge Kapital: Der Marktwert der vier Giganten beläuft sich Anfang 2019 auf umgerechnet mehr als 2600 Milliarden Euro, mehr als doppelt so viel wie der Wert aller Dax-Unternehmen zusammen.

Und sie beherrschen den Markt: Drei Viertel des globalen Datenverkehrs laufen über die vier Großen. Bei ihnen verbringen die Menschen fast fünfzig Prozent der Zeit, die sie online sind. Alphabet hat mit Google die Internetsuche fast monopolisiert, in den USA liegt der Marktanteil bei 75 Prozent, in Deutschland bei 95 Prozent. Apple verfügt über einen Kundenstamm von einer Milliarde Smartphone-Usern und bietet 2,2 Millionen Apps an. Fast drei Viertel aller mobilen Chats laufen über eine der Plattformen von Facebook. Amazon hat weltweit 300 Millionen aktive Kunden. Nimmt man noch Microsoft hinzu, dann befinden sich fast alle europäischen Länder »in Gefangenschaft« der US-Konzerne. Und die Dominanz der US-Datenkonzerne wird sich bald auch auf den europäischen Fernsehmarkt auswirken: Zusammen mit Netflix planen Apple und Amazon 2019 gewaltige Investitionen in das Fernsehen. Sie wollen, »das europäische Fernsehen mit Serien und Filmen nachhaltig umkrempeln«, schrieb der *Spiegel*.

36

Und das hat Gründe. Für den US-Marktforscher Scott Galloway, Autor des Buches »The Four« (2017), befriedigen die vier Datenkonzerne die wichtigsten »basalen Bedürfnisse der Menschheit«, wie er dies auf der Digitalkonferenz DLD17 in München 2017 ausführte: Amazon aktiviere unseren Jäger- und Sammlerinstinkt, Google unseren Drang nach Wissen, Facebook das Bedürfnis der Menschen nach Kommunikation mit anderen Menschen und Apple den Wunsch vieler nach Eigenprofil, nach der Unterscheidbarkeit von anderen Menschen – ja, sogar das spirituelle Bedürfnis der Kunden nach Zugehörigkeit zu einer besonderen Menschengruppe, die sich bei der »rituellen Wallfahrt zum Apple Store trifft, wenn ein neues Produkt angeboten wird«, so Galloway. Der Einfluss der Datenkonzerne reicht dabei bis zum Sprachgebrauch: Niemand ist je zur Arbeit »geopelt«, aber die meisten Menschen »googeln«. Im Jahre 2004 wurde der Begriff »googeln« sogar offiziell in den Duden aufgenommen.

Dies mache die vier großen Datenkonzerne nahezu unangreifbar für Konkurrenten, verschaffe ihnen fast unbegrenztes Investorengeld (auch von Blackrock und Co.). Gleichzeitig schütze sie diese Machtposition vor der Regulierung, sagt Galloway: »Wer will schon einen Religionskrieg gegen Apple-Jünger riskieren?« Deshalb brauchte es publikumswirksame Skandale, bis Gesellschaft und Politik überhaupt über die Macht der Datengiganten zu diskutieren begannen. Dabei zeigt sich bereits jetzt, dass die neuen Mächtigen der Weltwirtschaft den Alltag der Unternehmen und auch den vieler Bürger bereits stärker bestimmen, als dies viele glauben.

Herrschaft bis in die Pflegebetten

Die neuen Herren der Welt entfalten ihre Macht eher schleichend. Steigt ein Finanzfonds als Eigentümer eines Unternehmens ein, so ändert sich zunächst nichts. Manchmal bleibt es so. Die Geschäftsführung freut sich über das zusätzliche Kapital. Doch dann folgt oft genug das böse Erwachen: Bald diktieren die Herren des Geldes der Geschäftsführung die Unternehmenspolitik. »Ob die Übernahme des Glyphosat-Herstellers *Monsanto* eine so kluge Idee ist, hatte der Vorstandsvorsitzende der *Bayer AG*, Werner Baumann, nicht zu entscheiden. Baumann ist Angestellter«, schrieb der Publizist Jens Berger auf *nachdenkseiten.de*. Diese Entscheidung hätten die großen Anteilseigner getroffen, allen voran Blackrock, der bei beiden Konzernen der größte Einzelaktionär ist.

Die Finanzinvestoren unterwerfen die Geschäftspolitik ihrem strategischen Kalkül und den Berechnungen ihrer Algorithmen, die jedes Unternehmen auf Rendite trimmen. Es handelt sich um anonyme Investitionsmaschinen zur Produktion von Rendite, die sich nicht für Belegschaften interessieren. Sie sind kaum greifbar, kaum ansprechbar – sie sind die Funktionsträger des Kapitalismus. »Der Mensch ist hinter der Firma verschwunden«, schreibt Berger. Wenn es gut läuft gibt es Boni, wenn es schlecht läuft, wird rationalisiert und entlassen. Diese Fonds stehen für einen modernen, aber autoritären Kapitalismus.

Und dieses Renditedenken durchdringt die Gesellschaft. Da es im industriellen Bereich immer weniger Anlagemöglichkeiten für das Kapital gibt, das sie im Auftrag ihrer Anleger zu vermehren versprochen haben, drängen die Finanzinvestoren in andere Bereiche des Wirtschaftens, die noch Gewinne versprechen. Sie kaufen Immobilien, ganze Städte, sie kaufen Land und spekulieren mit Ackerland und sie drängen in Dienstleistungen wie Gesundheit oder Pflege.

Allein 2017 haben Finanzinvestoren fünf Prozent aller Pflegebetten in Deutschland erworben. Zum Beispiel die *Oaktree Capital* aus Kalifornien. Das Unternehmen verwaltet rund hundert

Milliarden US-Dollar für Anleger, die ihr Vermögen vermehren wollen. Vor einem Jahr kaufte die *Oaktree Capital* eine der größten deutschen Pflegeketten, die *Vitanas-Gruppe,* mit rund 8000 Betten. Tausende Kilometer von seinem Hauptsitz in Kalifornien entfernt versucht der Finanzinvestor, mit dem knappen Geld der Pflegekassen maximale Rendite zu machen. Und dies zumeist mit der gleichen Strategie: Sie wollen den Wert ihrer Investition in wenigen Jahren steigern, um sie dann zu einem höheren Preis weiterzuverkaufen. Nach Auskunft der Gewerkschaft *ver.di* plant die *Oaktree Capital* schon heute wieder den Verkauf ihrer Pflegebetten – in etwa sieben Jahren. So läuft es auch in anderen Bereichen. Mit ihrem Einstieg unterwerfen sie die Landwirtschaft, das Immobiliengeschäft, Gesundheit und Pflege dem Renditedruck. Mit schwerwiegenden Folgen für Beschäftigte, Pflegebedürftige oder auch für Bauern.

Arbeiter und die Umwelt zählen nicht viel

Doch die Veränderung der Machtverhältnisse beschränkt sich nicht auf Deutschland, sie hat Auswirkungen auf die ganze Welt: Die Macht der Geldkonzerne sorgt für eine beständige Umverteilung von Vermögen – von Ärmer zu Reich, von Arbeit zu Kapital. Der gewiss nicht kapitalismuskritische *Internationale Währungsfonds* hat nachgewiesen, dass der Anteil der Lohneinkommen an der Wirtschaftsleistung weltweit sinkt, dafür steigt der Anteil der Kapitaleinkommen. Auf gut Deutsch: Immer mehr Geld fließt zu denen, die schon im Geld schwimmen, während die Arbeitnehmer an Geld und Macht verlieren.

Weltweit zahlen Mensch und Natur für die Unterwerfung unter den Renditedruck der Finanzinvestoren einen hohen Preis. Ökologisch nehmen die großen Investoren nur wenig Rücksicht – vom norwegischen Staatsfonds abgesehen. Zwar beansprucht Blackrock nachhaltige Investments für sich. Schließlich können sie es sich nicht leisten, die Gelder ihrer Anleger extrem risikoreich zu investieren. Andererseits versprechen sie ihren Kapitalanlegern Renditen von sechs Prozent und mehr – und das ist nur durch eine rigorose Wachstumspolitik möglich. Arbeiterrechte und Umweltschutz zählen hier nicht viel.

»Waffen« gegen die Demokratie

Verhängnisvoll sind die neuen globalen Machtverhältnisse für die Demokratie. Die Herren des Geldes werden so gut wie nicht kontrolliert. Im Gegenteil. Sie nutzen jede Lücke, die ihnen die Gesetzgeber lassen, um Steuern zu sparen, Regierungen gegeneinander auszuspielen, Geld an den Finanzministern vorbei in Steueroasen zu verwahren. Sie machen die öffentliche Hand ärmer – und die privaten Hände reicher.

Insbesondere Digitalkonzerne haben eine ungeheure Macht, weil sie über die Daten von – oft – Milliarden Usern verfügen, die sie miteinander vernetzen. Als Unternehmen, die für ihre Investoren Rendite erwirtschaften müssen, machen sie die Daten zu Geld, indem sie sie der Werbung überantworten oder mit ihnen Handel treiben. Der Handel mit Daten von 87 Millionen Usern ist nicht in erster Linie ein Skandal, sondern das Geschäftsmodell von Facebook. So teilt der Konzern Daten mit mehr als 150 Unternehmen. Der französische Medienwissenschaftler Frederic Filloux, derzeit Wissenschaftler an der Stanford Universität in Kalifornien, nannte Facebook »die gefährlichste Waffe gegen Demokratie, die je erfunden wurde«. Alphabet/Google, Apple, Facebook – sie alle beanspruchen maximale Transparenz, wollen die Welt durchschaubar machen. Doch wer schon einmal eine der Zentralen dieser großen Konzerne in Kalifornien besucht hat, wie Kollegen von mir, gewinnt den Eindruck, es handele sich um Sekten, die an transparenten Kunden interessiert sind, sich selbst aber abschotten. Wer schon einmal als Journalist eine Anfrage an Facebook und Co. gestellt hat, erlebt diese Abschottung hautnah: keine Antwort, kein Kommentar.

Maximale Rendite, maximale Kontrolle über Daten bei maximaler eigener Abschottung: Die neuen Herren der Welt könnten den Kapitalismus und das Leben der Menschen bald schleichend auf eine Weise verändern, die viele bisher nur vor allem von scheinbar utopischen Romanen kennen.

Die neuen Herren und das chinesische Modell

Wer sich ein Bild von einem möglichen Kapitalismus der Zukunft machen möchte, betrachte den Erfolg von Apple und Google. Der Börsenwert dieser Konzerne überschreitet jeweils die 1000-Milliarden-US-Dollar-Marke.

Gerade der Erfolg der Marke Apple lässt durchaus Schlussfolgerungen zu, wie der globale Digitalkapitalismus der Zukunft aussehen könnte, indem sich die großen Finanzinvestoren mit den großen Datenkonzernen verbinden. Die Investoren garantieren unendlich viel Geld für Forschung und Entwicklung. Mit ihrem Design hebt sich die Marke Apple von den Konkurrenten ab. Dadurch avancierte die Marke für viele User weltweit zum Statussymbol, was Kunden bindet: einmal Apple, immer Apple. Diese Geschäftspolitik war schon bisher überaus erfolgreich und schuf Arbeitsplätze für 123 000 Beschäftigte – mit zum Teil sehr privilegierten Arbeitsbedingungen.

Doch es glaube niemand, dass der 1000-Milliarden-Erfolg in erster Linie auf die tollen Produkte zurückzuführen ist. Apple beherrscht auch andere Geschäftsmethoden perfekt: zum Beispiel die Senkung der Kosten durch eine perfekte Nutzung der globalen Arbeitsteilung. So hat der US-Konzern ein weltumspannendes Netz von Produzenten und Zulieferern aufgebaut. Dabei nutzen die Herren des »Apfels« Armut und Ausbeutung konsequent für ihre Zwecke. Anfang 2018 erhob die chinesische Umweltgruppe *Green Choice* schwere Anschuldigungen gegen Apple-Zulieferer in China. Die Arbeitsbedingungen seien menschenunwürdig, die Löhne niedrig. Es gibt Kinderarbeit und Selbstmorde. Am 7. Januar 2018 zum Beispiel sprang die 25-jährige Ingenieurin Wang Ling in den Tod, weil sie die Arbeitsbedingungen nicht mehr ertragen konnte. Inzwischen hat der Konzern Psychologen beauftragt, suizidgefährdete Arbeitnehmer zu ermitteln. Es sind die Arbeiterinnen und Arbeiter in Zuliefererbetrieben in Asien, die einen hohen Preis für den Billionenerfolg von Apple zahlen.

Aber sie sind nicht die einzigen: Auch die Regierungen auf der ganzen Welt bekommen die Perfektion des Konzerns zu spüren, wenn es darum geht, Kosten zu senken. Die Konzernherren sind wahre Meister darin, die Finanzminister unterschiedlicher Länder so gegeneinander auszuspielen, dass Apple möglichst wenig Steuern bezahlt, auch und gerade in Europa. Natürlich nutzt der Konzern nur die Lücken, die egoistische Regierungen in ihren Steuergesetzen hinterlassen. Aber dies tut er perfekt. So rechnete die Wochenzeitung *Die Zeit* im September 2015 vor, dass Apple allein mit dem Verkauf des I-Phones in der Europäischen Union einen Gewinn von 34 Milliarden US-Dollar verbuchte. Dafür hat der »Apfel« über fünf Jahre knapp eine Milliarde an Steuern bezahlt. Ein Steuersatz von 2,8 Prozent.

Im Jahre 2019 wird Apple besonders wenig Steuern entrichten, weil Donald Trump den US-Konzernen ein besonderes Geschenk gemacht hat: Wenn sie ihre Gewinne in die USA zurücküberweisen, dann fallen besonders geringe Steuern an. Apple will deshalb 275 Milliarden US-Dollar von Europa und Asien in die USA schaffen.

Während der »Apfel« seine Beiträge für demokratische Regierungen so gering wie möglich hält, ist der Konzern gegenüber einer Diktatur wie China eher entgegenkommend. Während die Digitalkonzerne die Steuergesetze von Regierungen gerne umgehen und auf Transparenz pochen, haben sie keine Probleme, sich Zensurgesetzen der Chinesen zu unterwerfen: Im Januar 2018 tilgte Apple plötzlich die App der *New York Times* in China. Die Konzernführung gab selbst zu, dass dies auf Geheiß der Parteiführung in Peking erfolgte. Längst ist der chinesische Markt für den »Apfel« so wichtig, dass er in China alle Anti-Zensur-Programme aus seinen App-Angeboten gelöscht hat. Konkurrent Alphabet (Google) wird inzwischen verdächtigt, in China eine zensierte Suchmaschine zu installieren.

Vorboten einer globalen kapitalistischen Diktatur?

Wenn Apple mit seinen Erfolgen der Vorbote des zukünftigen Digitalkapitalismus sein soll, dann zeichnet sich eine bedrohliche Entwicklung ab. Natürlich schaffen die Hightechriesen und die hinter ihnen stehenden Finanzinvestoren privilegierte Arbeitsplätze in den reichen Ländern, versuchen dabei aber gleichzeitig, die Steuereinnahmen für die Regierungen so gering wie möglich zu halten: privater Reichtum, öffentliche Armut.

Gleichzeitig beruht ihr Erfolg auf der Ausbeutung von Arbeitskräften im Süden und Osten der Welt. Er nimmt auch keinerlei Rücksicht auf die Umwelt bei der Ausbeutung von Rohstoffen für die IT-Produkte. Und letztlich kooperieren diese Konzerne (und ihre Investoren) mit einem diktatorischen Regime in China, das die digitalen Technologien für die möglichst lückenlose Kontrolle ihrer Bürgerinnen und Bürger nützt. Wer fährt bei Rot über die Ampel? Wer pflegt seine Eltern nur halbherzig? Wer kauft wo was ein? Wer hat sich schon mal an Streiks beteiligt? Wer lästert gar über die Partei in den digitalen Netzwerken? Die chinesische Regierung will Antworten auf diese Fragen. Sie dienen als Grundlage für ein Sozialkreditsystem, nach dem die Menschen bewertet werden. Und sie setzt rigoros auf den gesellschaftlichen Pranger. Wer in bestimmten Städten bei Rot über die Ampel fährt, sieht sein Konterfei mit Namen an die Hauswand projiziert – nach dem Motto: Dieser Unhold wagt es, bei Rot die Straße zu überqueren. Wenn dieses System ausgereift ist, könnte es die nahezu perfekte Kombination aus Polizeistaat und einem dynamischen Kapitalismus sein.

Noch ist es im Westen nicht so weit. Doch die neuen Herren der Welt, Datenkonzerne wie Apple und die Finanzinvestoren, sind Vorboten eines Kapitalismus, der mit diktatorischen Systemen gut leben kann. Und es ist keine falsche Polemik zu sagen, dass auch so manche Regierenden in Demokratien durchaus bewundernd auf das »chinesische Modell« blicken. Verhindern können diese latente Entwicklung zu einer kapitalistischen Diktatur nur Regierungen, die es mit der Demokratie ernst meinen und den Mut haben, auch die Mächtigen zu kontrollieren. Doch genau damit tun sich viele Regierungen schwer.

Viele Lobbys und ein Fetisch

Das Elend der Wirtschaftspolitik

Die Zukunftsangst der Menschen wächst. Gleichzeitig sinkt ihr Vertrauen in die Politik. Nach einer Umfrage des Meinungsforschungsinstituts *Civey* für das Magazin *Focus* aus dem Jahre 2018 traut die Mehrzahl der Menschen der Politik immer weniger zu, die Zukunftsprobleme zu lösen. Man könnte diese Haltung als bloße Modeerscheinung abtun (was sie in manchen Kreisen auch ist). Leider erhält das Misstrauen in die Politik ständig neue Nahrung: Verteilungsgerechtigkeit, Erderwärmung, Verkehrspolitik, nachhaltige Landwirtschaft, Dieselkrise, Deutsche Bahn – in keinem Bereich fehlt es an Zukunftskonzepten, aber überall am Mut der Politik, diese umzusetzen.

Zugegeben, Politik ist in diesen Zeiten nicht einfach. Das klingt wie ein Gemeinplatz, ist aber Wirklichkeit. Viele Probleme können auf nationaler Ebene nicht mehr gelöst werden – sie brauchen globale Zusammenarbeit. Da dabei viele unterschiedliche nationale Interessen im Spiel sind, ist diese Zusammenarbeit mühevoll und langwierig, der Fortschritt wird zur Schnecke. Zudem sind viele Politikbereiche ungemein komplex. In der Verkehrspolitik, zum Beispiel, müssen Arbeitsplätze, Mobilitätswünsche der Bürger, teure und langwierige Bauprogramme mit ökologischen Prioritäten so abgewogen werden, dass am Ende ein nachhaltiges Konzept in einer komplexen Industriegesellschaft entsteht. Das ist für jede Regierung anspruchsvoll. Allerdings dürfen diese Widrigkeiten nicht darüber hinwegtäuschen, dass sich die herrschende Wirtschaftspolitik in einem Gestrüpp aus Lobbyismus und alter Wachstumsideologie verfangen hat, aus dem sie keine Auswege findet, nicht zuletzt weil sie keine sucht.

Der industriell-politische Komplex

Dabei geht es beim Thema Lobbyismus längst um mehr als um die simple Beeinflussung der Politik durch Interessenverbände und deren Vertreter. Das wäre in einer Demokratie Normalität. Es geht um viel mehr: Nämlich darum, dass die großen Konzerne und Investoren inzwischen maßgeblichen Einfluss auf die Gesetzgebungsverfahren nehmen. Thilo Bode, Gründer der Verbraucherschutzorganisation *Foodwatch,* beschreibt in seinem Buch »Die Diktatur der Konzerne« (2018), wie sehr Politik und Wirtschaft zu einem industriell-politischen Komplex verwoben sind. Sein Paradebeispiel ist die Dieselkrise. Denn hier standen die Zeichen mehr als günstig für eine Politik, die sich an den Bedürfnissen der Menschen und der Umwelt orientiert: Die großen Konzerne wurden als Betrüger entlarvt und hatten jeden moralischen Kredit verloren; gleichzeitig konnten sie mit der alten Dieseltechnologie Rekordgewinne einfahren, die man für Lösungen anzapfen könnte – allein bei VW belief sich der Gewinn 2017 auf 11,4 Milliarden Euro. Zudem drohen in einigen Städten Fahrverbote für ältere Diesel, die die Autofahrer auf die Palme bringen. Trotz dieser günstigen Bedingungen traute sich die Bundesregierung nicht, das Geld für die umwelttechnische Umrüstung älterer Dieselfahrzeuge bei den Konzernen einzutreiben.

Stattdessen belegt die Dieselkrise Bodes These vom politisch-industriellen Komplex. Zum einen zeigt sich hier der Drehtüreffekt zwischen Politik und Wirtschaft. Die Automobilkonzerne haben inzwischen ehemalige Politiker engagiert, die gute Drähte auch zur Regierung haben. Der ehemalige Verkehrsminister Mathias Wissmann ist Präsident des *Verbandes der Automobilindustrie*. Eckart von Klaeden war viele Jahre Staatssekretär im Bundeskanzleramt und ist jetzt Cheflobbyist von *Daimler*. Sie verkörpern den Trend, dass Politiker nach dem Ende ihrer Amtszeit schnell in die Chefetagen der Wirtschaft wechseln. Nicht selten erwecken sie den Eindruck, als ob sie sich schon im Amt so verhalten, dass ihrem Einstieg in die Wirtschaft nach ihrem Ausscheiden nichts entgegensteht. Nicht zuletzt deshalb stand in der Dieselkrise schnell ein Machtkartell aus CDU, SPD, Landesregierung Niedersachsen, Betriebsräten und IG Metall jedem Fortschritt für Autofahrer, Bewohner der Großstädte und Umwelt entgegen. VW und Co. erweisen sich als »sakrosankt, unangreifbar«, schreibt Thilo Bode, »das Wohlergehen der Konzerne scheint Staatsräson«.

Die Dieselkrise ist kein Einzelfall. Ob es um den Ausstieg aus der Kohle, um Glyphosat, eine nachhaltige Landwirtschaft oder die Digitalisierung der Wirtschaft geht – immer zeigt sich eine neue, massive Form des Lobbyismus. Mit großer Finanzkraft werden Gutachten in Auftrag gegeben, die die eigene Position untermauern, werden Medien mit Meldungen bombardiert, die die eigene Interessenposition als Position des Gemeinwohls verkaufen. Oft genug wird für den Fall, dass bestimmte Gesetze verabschiedet werden, mit einem Notstand gedroht. Dann gehen eben die Lichter aus. Die Finanzmittel der Investoren und Konzerne scheinen schier unerschöpflich. »Der Lobbyismus der Gegenwart bearbeitet strategisch und aggressiv gesellschaftliche Strukturen, um die Konformität von Konzerninteressen und Gemeinwohlinteressen zur allgemein akzeptierten Erzählung zu machen«, schreibt Thilo

Bode. Wirtschaftspolitik ist so allzu oft nur Politik für die Wirtschaft. Die Folgen für den gesellschaftlichen Zusammenhalt sind dramatisch. In ihrem Buch »Wessen Stimme zählt« arbeitet Lea Elsässer von der Universität Duisburg-Essen detailliert heraus, dass die Entscheidungen des Deutschen Bundestages seit den 1980er-Jahren systematisch zugunsten oberer Einkommens- und Berufsgruppen verzerrt sind.

Für die Demokratie resultiert daraus die existenzielle Frage: Regiert die Politik wirklich im Sinne des gesamten Volkes, wie dies die Verfassung vorsieht, oder regiert sie im Dienste mächtiger Interessengruppen, in erster Linie für gut verdienende Einkommensgruppen? Letzteres scheint der Fall zu sein.

Rechte, Linke und der Traum vom ewigen Wachstum

Doch der Lobbyismus ist nicht das einzige Hindernis für eine Politik, die sich an Problemlösungen orientiert. Das Ziel des Wirtschaftswachstums ist zu einem Fetisch geworden, dem fast alle Politiker huldigen. Zwar sprechen Mitglieder aller Parteien regelmäßig von qualitativem Wachstum. In der Praxis wird aber rein quantitatives Wachstum angepeilt – und die Gesellschaft spielt brav mit. Die meisten Medien, die überwiegende Zahl der Verbände feiern jeden Zuwachs, jedes Mehr. Jedes Weniger wird bedauert oder gilt als Beweis für Politikversagen oder gar für eine Krise.

Die politischen Kräfte unterscheiden sich kaum mehr in der Frage, ob die Wirtschaft wachsen soll, sondern nur in der Frage, wie dies erreicht werden kann. Konservative und Liberale wollen das Wachstum vor allem dadurch steigern, dass sie die Unternehmen entlasten und den Markt von staatlichen Einflüssen befreien. Entsprechend fordern sie die Senkung von Steuern und Sozialabgaben, oft auch von Sozialleistungen. Sie wollen den Kündigungsschutz lockern, weniger Bürokratie und öffentliche Unternehmen privatisieren – einem gesetzlichen Mindestlohn stehen sie ebenso skeptisch gegenüber wie starken Lohnerhöhungen. International setzen Wirtschaftsliberale auf den Freihandel von Waren und Dienstleistungen, damit den Unternehmen der gesamte Weltmarkt unbeschränkt offensteht. Mächtige Wirtschaftslobbys, Vertreter großer Konzerne und Finanzunternehmen unterstützen diese Politik. Mit dieser wirtschaftsliberalen Politik verbinden Liberale und Konservative die Hoffnung, dass die Kosten der Unternehmen sinken, sodass ihre Konkurrenzfähigkeit wächst. Sie erwirtschaften dann höhere Gewinne und investieren diese in neue Arbeitsplätze und mehr Wachstum.

Wer nun glaubt, linke Parteien und oder etwa die Gewerkschaften stünden dem Wachstumsdenken kritischer gegenüber, wird schnell enttäuscht. Oft genug setzen sie der konservativen Wachstumspolitik von oben ein Wachstum von unten entgegen. Sozialdemokraten, viele Linke, manche Grüne setzen dazu vor allem auf mehr staatliche Investitionen, einen steigenden gesetzlichen Mindestlohn und höhere Sozialleistungen. Gewerkschaften fordern höhere Löhne. Zur Finanzierung der steigenden staatlichen Ausgaben empfehlen viele Nachfrageökonomen höhere Steuern für Spitzenverdiener und Vermögende. Die linke Hoffnung lautet: Haben die Menschen mehr Geld in ihren Taschen, dann kaufen sie mehr. Nimmt der Staat Kredite auf oder werden die Steuern für Besserverdienende erhöht, um zu investieren, schafft dies Arbeitsplätze. Um das Wirtschaftswachstum zu steigern, sitzen viele Linke oft mit im Boot, wenn es um globale Freihandelsabkommen geht: Mehr Exporte schaffen mehr Arbeitsplätze. Es verwundert nicht, dass die Nachfragepolitik vor allem von den Gewerkschaften und von vielen Sozialverbänden getragen wird.

Zugegeben, beide Strategien haben unterschiedliche Vor- und Nachteile. Wenn Unternehmen, der freie Markt und das Gewinnstreben entfesselt werden, befördert dies auch Innovationen. Die Auswahl an preiswerten Angeboten wächst, wie der Telekommunikationsmarkt nach dem Teilrückzug des Staates zeigt. Mit der zunehmenden Konkurrenz auf dem entfesselten Markt wird allerdings auch die Kluft zwischen Gewinnern und Verlierern in der Gesellschaft größer, die soziale Ungleichheit nimmt zu. Und es verschlechtern sich jene Angebote, die staatliches Engagement erfordern – von der Bahn bis hin zu zahlreichen öffentlichen Dienstleistungen.

Die »linke« Strategie zielt dagegen auf mehr soziale Gerechtigkeit und bessere Lebensbedingungen durch Investitionen und höhere Löhne. Diese Forderungen sind durchaus wichtig. In ihrer Pauschalität sind sie dennoch umstritten. Mehr Investitionen in Bildung, Gesundheit, Pflege und den öffentlichen Verkehr sind notwendig. Aber brauchen wir auch mehr Regionalflughäfen, immer mehr Autobahnen, Umgehungsstraßen und gigantische Großprojekte? Höhere Löhne für die Beschäftigten sind gerecht, wenn die Unternehmen hohe Gewinne einfahren. Andererseits: Wie gerecht sind prozentuale Lohnerhöhungen, die vor allem die Gutverdienenden stärken? Und was bedeuten höhere Löhne für die Klimapolitik, wenn sie den Massenkonsum anheizen?

Wachstum läuft an vielen Problemen vorbei

Wirtschaftswachstum ist längst zu einem Fetisch der Politik geworden. Die meisten Wirtschaftspolitiker sind in dem Glauben vereint, mit Wachstum ließen sich die meisten Probleme lösen. In einer hochdifferenzierten Industriegesellschaft gelingt dies jedoch immer weniger. Zentrale Zukunftsprobleme sind strukturell bedingt. Reine Wachstumsprogramme laufen an ihnen vorbei. Beispiel Armut: Pauschale Lohnerhöhungen und Investitionen helfen den wirklichen Armen nicht. Beispiel Langzeitarbeitslosigkeit: Wachstum schafft mehr Arbeitsplätze, doch viele Langzeitarbeitslose werden dennoch keine Jobs erhalten, weil sie für diese nicht ausgebildet sind oder weil diese weit entfernt von ihrem Wohnort entstehen. Viele Zukunftsprobleme werden durch Wachstum eher verschärft. Wer unter den Bedingungen kapitalistischer Ungleichheit pauschal auf mehr für alle setzt, verstärkt die Ungleichheit; mehr Massenkonsum und mehr industrielle Produktion treiben den Ausstoß von Treibhausgasen an, heizen die Erde auf, schaffen mehr Abfall und fördern die zerstörerische Ausbeutung von Rohstoffen; Verkehrspolitik wird nicht nachhaltig, indem man einfach Verbrennungsmotoren durch Elektroautos ersetzt; ein Mehr an digitalen Techniken wird zwar die Konkurrenzfähigkeit der Konzerne stärken, die soziale Spaltung der Gesellschaft aber ebenso vergrößern, wie sie den Energieverbrauch in die Höhe treiben wird. Das beste Beispiel für die Absurdität des einfachen Mehr ist die konventionelle Landwirtschaft. Hier hat die jahrzehntelange Förderung von reinem Mengenwachstum große Höfe geschaffen, auf denen wenige Beschäftigte viel Output produzieren – oft auf Kosten der Umwelt, des Grundwassers, der Tiere, des Klimas und kleiner Höfe. Die Folgekosten der Wachstumspolitik sind vielfach höher als die Erträge.

Dennoch erlebt man als Journalist Politikerinnen und Politiker selten ratloser als bei der Wachstumsfrage. So mahnte Bundeskanzlerin Angela Merkel auf dem Podium eines Katholikentages, das ich leiten durfte, dass die Welt es nicht aushält, wenn alle so wirtschaften wie die Deutschen. Doch mit ihrer Politik arbeitet sie unaufhörlich genau darauf zu. Daimler-Chef Dieter Zetzsche räumte nach meinem Vortrag in der Zentrale des Konzerns ein, dass die Erderwärmung die größte Herausforderung der Menschheit sei. Doch für Daimler liegen die größten Hoffnungen auf dem chinesischen Markt. Wachstum ist längst mehr als ein politisches Konzept.

Das Schmiermittel der Gesellschaft

Wirtschaftswachstum ermöglicht der Politik, Risse zwischen Gewinnern und Verlierern zumindest zu kitten. Wenn alle regelmäßig mehr bekommen, lassen sich Ungerechtigkeiten leichter ertragen. Wachstum erleichtert die Finanzierung des Sozialstaates, ohne mächtigen Gruppen höhere Steuern aufzubürden. Wachstum sorgt für steigende Steuereinnahmen, mit denen die Regierung die Wünsche der Bevölkerung befriedigen kann, ohne die einen gegen die anderen auszuspielen. Es ist konfliktärmer, die eine Motorentechnik einfach durch die andere zu ersetzen, statt über die neue Gewichtung von Auto, Bahn, Bus, Fahrrad und Fußgänger zu diskutieren. Der Friede mit den mächtigen Lobbys ist garantiert, wenn die Politik »Mehr für alle« anstrebt statt »Entweder-oder«. Wachstum ist der Kern einer Wirtschaftspolitik, die unter dem Druck mächtiger Konzerne und ihrer Lobbygruppen steht und zumindest vorgeben muss, dass alle von dieser Politik profitieren.

Wirtschaftswachstum hält nicht zuletzt die Bevölkerung bei der Stange. Die überwiegende Mehrheit der Menschen hat sich längst an die individuelle Konsumfreiheit gewöhnt, so viel Auto zu fahren, wie sie wollen, so oft in den Urlaub zu fliegen, wie sie wollen. Die Orientierung am Mehr ist ein bequemer Kompromiss zwischen den Konsuminteressen der Bevölkerung und den Interessen der Unternehmen an möglichst hohen Gewinnen. Doch was geschieht, wenn das Versprechen des »Immer mehr« nicht mehr eingelöst werden kann oder wenn mehr Menschen fragen, ob das »Immer mehr« nicht doch mehr Schaden anrichtet, als es nutzt?

Bürger zwischen Angst, Anpassung und Aufbruch

Einblicke in die zerrissene Gesellschaft

Eigentlich könnten sich die Deutschen gelassen zurücklehnen: Die Konsumenten kaufen, die Wirtschaft wächst, die Arbeitslosigkeit ist zurückgegangen, die Steuereinnahmen sprudeln, sogar die Banken machen wieder Gewinne. Doch weit gefehlt. Von Gelassenheit keine Spur. Die Bundesbürger – sie schwanken zwischen Angst, Anpassung und Aufbruch.

Angst: Verloren im Hier und Jetzt

Viele Menschen haben das Gefühl, dass ihnen der Boden unter den Füßen wegbricht. Zu ihnen gehören längst nicht nur sozial Benachteiligte. Auch für viele, denen es ganz gut geht, stehen Begriffe wie »Digitalisierung« oder »Globalisierung« für Fremdbestimmung. Die globale Konkurrenz und ständige technische Neuerungen verändern die Welt um sie herum, sodass sie sich fremd fühlen, heimatlos, abgehängt.

»Denken Sie mal, in meinem Städtchen haben alle Läden, die Poststelle und die einzige Kneipe geschlossen, da wird man doch einsam«, sagte ein Niederländer gegenüber einem Journalisten der ARD, der wissen wollte, warum Menschen der Demokratie misstrauen. Ähnlich sieht es in vielen ländlichen Regionen in Deutschland oder auch in Frankreich aus, wo sich das soziale Leben immer mehr auf die größeren Städte konzentriert. Auf dem Land, in Kleinstädten, schließen Betriebe, Geschäfte, fehlen Räume für Gemeinschaftsaktivitäten. Die Menschen spüren die Widersprüche der wirtschaftlichen Entwicklung. Die globalen Anbieter überbieten sich mit Billigangeboten, man kann sich mehr leisten als je zuvor. Doch was verdienen jene, die so billig produzieren? Von heute auf morgen verändert sich die Technik. Es wird unsicher, was gestern noch sicher schien. Die wachsende Unübersichtlichkeit fördert die Vereinzelung und ein Gefühl des Verlorenseins. Die Anonymität des Internets zementiert solche Gefühle.

Der Kampf aller gegen alle, der weltweit tobt, hat längst auch die Europäer im Griff, auch die Deutschen. Die Menschen spüren, dass die Welt enger wird, dass die Konkurrenz um Lebenschancen wächst. Mit dieser Konkurrenz wächst die Angst, Erreichtes zu verlieren, mit den eigenen Bedürfnissen nicht mehr wahrgenommen zu werden. Dann wachsen die Aggressionen gegen alles Globale, gegen alles Europäische. Mit diesen Aggressionen wächst die Sehnsucht nach der angeblich so heilen Welt vor der Globalisierung, nach einer Heimat, wie sie alle von früher zu kennen glauben, nach einem Verhältnis von Mann und Frau, wie sie es von früher zu kennen glauben.

In dieser Lage suchen viele Sündenböcke für die Folgen der Globalisierung – und sie finden sie in den Fremden, in den anderen, in den Flüchtlingen. Dann wächst der Hass auf diese – und auf alle, die die Fremden, die anderen oder das andere verteidigen. Es entsteht eine Welt der Hassmails, der Auseinandersetzung, die den anderen nur dann akzeptiert, wenn sie oder er die gleiche Meinung hat wie man selbst. Und für diese Meinung suchen sie Bestätigung im Internet und finden sie leicht, weil die meisten Suchmaschinen und ihre Algorithmen immer die eigene Meinung bestätigen –

schon aus kommerziellen Gründen. Medien, die andere Meinungen drucken, gelten als Lügenpresse.

In dieser Welt voller Hass und Angst vor der Zukunft gedeiht der Egoismus. In einer Umfrage des *Instituts für Demoskopie Allensbach* vom Herbst 2016 haben 80 Prozent der 30- bis 59-jährigen befragten Deutschen angegeben, dass sie sich ungerecht behandelt fühlen. Gleichzeitig sind mehr als 70 Prozent gegen die Besteuerung der Reichen und gegen mehr Geld für Arme. Alle wollen Gerechtigkeit – zunächst für sich. Angst fördert Egoismus.

Anpassung: Ich konsumiere, also bin ich

Die meisten Bundesbürger wissen durchaus, dass Veränderungen nötig sind, soll die Zukunft gerecht und nachhaltig gestaltet werden. Aber: »Menschen wagen sich nur dann an Veränderungen heran, wenn ihr Leiden an einem Problem größer ist als ihre Angst vor den Folgen der Veränderung«, sagt der Nestor der Sozialphilosophie, Oskar Negt. »Wenn die Angst, durch Veränderung zu verlieren, dagegen größer ist als das Leiden, dann versuchen alle, für sich zu retten, was zu retten ist. Und dann verteidigen sie lieber das Bestehende, auch wenn sie im Innersten Veränderungen wünschen.«

Dies zeigt sich in der Klimafrage. In einer Umfrage der ARD vom Oktober 2018 plädieren 74 Prozent der Befragten für mehr Klimaschutz. Das verwundert nicht. Durch Hitzesommer, Stürme, Dürren, Überschwemmungen und Waldbrände rücken die Einschläge der Klimaerwärmung immer näher, in Deutschland und weltweit. Andererseits scheint die Angst vieler Bürgerinnen und Bürger, für den Klimaschutz vom gewohnten Lebensstil abkehren zu müssen, größer als die Furcht vor den Folgen der Erderwärmung.

Die Gründe entsprechen der Mentalität, die eine Konsumgesellschaft ausprägt. Etwa ein Drittel der Bevölkerung, darunter viele

Alleinerziehende und Kinderreiche, zählen zu den Verlierern der Entwicklung. Sie können sich schon jetzt nicht viel leisten und fürchten steigende Kosten für Sprit, Heizung und Strom als Teil der Klimapolitik. Sie sind nicht bereit, die Zeche für einen klimaschädlichen Wohlstand zu bezahlen, von dem sie wenig haben.

Unter den Gewinnern der Entwicklung, also jenen zwei Dritteln, die einen durchschnittlichen oder hohen Lebensstandard genießen, sind die Verlustängste weit größer als die Bereitschaft zur Veränderung. Auch wenn viele im privaten Kreis behaupten, Geld sei ihnen nicht so wichtig, so sind größere Autos, neue IT-Geräte oder die regelmäßige Urlaubsreise immer noch Statussymbole für sie. Dies gilt in Westdeutschland stärker als in Ostdeutschland, doch der Osten holt auf. Nach einer Studie im Auftrag des *Umweltbundesamtes* aus dem Jahre 2015 ist es jener Lebensstil der gehobenen Mittelschichten und der Oberschicht, der die Klimabelastung in die Höhe treibt. Zwar weisen Glücksforscher wie der Schweizer Ökonom Mathias Binswanger von der Universität Solothurn regelmäßig nach, dass ab einem bestimmten Lebensstandard die Glücksgefühle durch ein neues Produkt nachlassen. Diese Wissenschaftler unterschätzen jedoch, wie sehr sich die Menschen im Konkurrenzkapitalismus an ihresgleichen messen. Unter Freunden, Kollegen oder Nachbarn will man nicht zurückfallen, indem man sich das neueste Auto, den neuesten technischen Schrei oder bestimmte Reisen nicht mehr leistet – oder diese gar aus Prinzip ablehnt. Deshalb nehmen sie die Forderungen von Klimaschützern als Bedrohung wahr. Und nicht nur dies: Viele Menschen kommen sich dumm vor, wenn sie ihr Leben ändern, während alle anderen weiterkonsumieren wie bisher.

»Menschen wollen durch Veränderungen immer etwas gewinnen«, sagt der Aachener Psychotherapeut Micha Hilgers. »Übergeordnete Werte spielen für menschliches Handeln bestenfalls eine untergeordnete Rolle.« Dies gilt umso mehr, als sich in der Gesellschaft gemeinsame Normen, gemeinsame Traditionen, feste Bindungen an Gemeinschaften ebenso auflösen wie gemeinsame Glaubensvorstellungen oder Grundüberzeugungen. Je mehr die Gesellschaft der Vereinzelten von dem kapitalistischen Dogma durchsetzt ist, wonach nur zählt, was sich rechnet, desto stärker wird der Konsum zum Inbegriff persönlicher Freiheit und zur Positionsbestimmung: Ich bin, was ich konsumiere. Entsprechend »mühsam sind Bewegungen dort, wo Verfügungen zur Bequemlichkeit so allumfassend sind wie in modernen Hyperkonsumgesellschaften«, schreibt der Sozialpychologe Harald Welzer im Magazin *taz.futurzwei*. Wie wahr.

Aufbruch: Und sie bewegen sich doch

»Wo aber Gefahr ist, wächst das Rettende auch.« Dieser Satz des Dichters Hölderlin wird oft und zuweilen arg strapaziert. Derzeit findet er durchaus Bestätigung. Denn längst nicht alle Bürgerinnen und Bürger lassen sich von Angst und Anpassung lenken. Eine engagierte Minderheit von Bürgerinnen und Bürgern lebt heute schon auf radikale Weise vor, wie sie sich ein nachhaltiges Leben in Zukunft vorstellt. Sie verzichten auf Autos oder teilen sich eines mit anderen. Sie stellen ihre defekten Geräte in Repair-Cafés wieder her, statt ständig neue zu kaufen; sie tauschen Kleider, wohnen gemeinsam, gründen genossenschaftliche Projekte, essen wenig Fleisch. Die Zahl derer, die kein Fleisch essen, hat sich in den vergangenen zehn Jahren von vier auf acht Prozent der Bundesbürger verdoppelt. Der Umsatz mit ökologisch erzeugten Waren und Fair-Trade-Produkten wächst fast jedes Jahr um einen zweistelligen Prozentsatz.

Mehr als 2000 Unternehmen verstehen unter ihrer Unternehmensbilanz längst mehr als eine bloße betriebswirtschaftliche Kosten-Nutzen-Rechnung. Nach Vorschlägen von Christian Felber, dem Erfinder der Gemeinwohl-Ökonomie, vergeben Belegschaften in ihrem Unternehmen Punkte für das Betriebsklima, die Arbeitsbedingungen, für die Beteiligung der Beschäftigten an Entscheidungen, für die ökologischen Folgekosten der Produktion und für vieles andere mehr. Sie erstellen eine sogenannte Gemeinwohlbilanz. Darin erfahren die Beschäftigten dann, was ihnen die reine Betriebswirtschaft nicht sagt: was sie in ihrem Unternehmen verbessern müssen, damit es ihnen besser geht und dem Gemeinwohl.

Doch das persönliche Engagement ist vielen nicht genug. Nach Jahren politischer Lähmung und einer starken Konzentration auf die Abwehr des Rechtspopulismus erwacht langsam wieder das politische Engagement für Zukunftsfragen. Hunderttausende demonstrierten im Sommer 2018 für eine tolerante, weltoffene Gesellschaft, in der nicht der Hass auf Andersdenkende dominiert, sondern der Wunsch nach einem friedlichen Zusammenleben aller, unabhängig von Herkunft und persönlichen Neigungen. In Ostdeutschland zeigen bewegte Bürger, dass die Friedliche Revolution 1989 gegen die Diktatur kein Betriebsunfall der Geschichte war. Im sächsischen Dorf Ostritz hat ein breites Bündnis die Dominanz eines rechten Aufmarsches verhindert und lebt gleichzeitig energiepolitisch eine Alternative zur Braunkohle – und dies im Braunkohlerevier. In Leipzig haben Menschenketten erreicht, dass *Legida*, der dortige Ableger der rechtsextremen *Pegida*-Bewegung, sich selbst aufgelöst hat.

Oft beginnt der politische Aufbruch mit Aktionen kleiner Minderheiten. Zum Beispiel in Sachen Hambacher Wald. Anfangs belächelt oder als militant beschimpft, besetzten Aktivisten den

Wald. Plötzlich solidarisierten sich Zehntausende sogenannter Normalbürger mit den Baumbesetzern.

Wenn Ältere oft die unpolitische Jugend kritisieren, wurden sie 2019 eines Besseren belehrt. Nach dem Vorbild der schwedischen Schülerin Greta Thunberg protestieren auch Schülerinnen und Schüler in Deutschland für eine Klimapolitik, die auch ihrer Generation noch eine Zukunft in Würde ermöglicht – nicht selten bestreiken sie dafür den Unterricht. Mit Plakaten mit Aufschriften wie »Es gibt keinen Plan(et) B« oder »Wir sind die Zukunft« protestieren die Jugendlichen gegen »den Konsumwahnsinn, der unsere Erde zerstört« und die »hirnverbrannte Klimapolitik der Regierungen«, so Parolen auf Demonstrationen.

Immer stärker richtet die deutsche Zivilgesellschaft ihre Aufmerksamkeit auf das Treiben deutscher Konzerne im Ausland. So mobilisieren Basisgruppen gegen deutsche Banken und Versicherungen, die in Atomwaffen investieren – oder in klimafeindliche Technologien. Ob Billigkleider wie bei KiK, Glyphosat von Monsanto/Bayer oder aber die Gefährdung des Klimas durch Energiekonzerne – die großen Unternehmen werden immer kritischer beäugt und müssen nicht selten mit Klagen und Protesten rechnen.

Zugegeben, die Mehrheit der Deutschen lässt sich noch immer durch Angst und Anpassung, durch Konsum oder Bequemlichkeit lähmen. Andererseits erleben zunehmend mehr Bürger dieses Wirtschaftssystem als Bedrohung. »Noch nie in den letzten fünfzig Jahren haben mir so viele ganz normale Bürger nach meinen Vorträgen so viele kritische Fragen zum Kapitalismus gestellt wie in den vergangenen zwei, drei Jahren«, sagte mir der Sozialphilosoph Oskar Negt. Es ist höchste Zeit, auf diese Fragen Antworten zu suchen.

Alternativen

Die Kunst, den Kapitalismus zu verändern

Eine Annäherung in fünf Alternativen

Wer das kapitalistische System radikal verändern oder gar überwinden will, gerät in ein Dilemma. Viele Studien und Umfragen untermauern die Kritik am herrschenden Wirtschaftssystem. Gleichzeitig »wird man derzeit keine Mehrheit der Bevölkerung für die Überwindung des Kapitalismus finden«, sagte mir der 2018 verstorbene Elmar Altvater, viele Jahre Politikökonom an der Freien Universität Berlin und zu seinen Lebzeiten einer der profundesten Kapitalismuskritiker in Deutschland.

Die Gründe dafür sind vielschichtig. Einerseits kritisieren viele Menschen – oft hinter vorgehaltener Hand – den ungeheuren Reichtum in wenigen Händen, die soziale Ungleichheit, die oft gnadenlose Konkurrenz oder auch die Tatsache, dass oft alle nach den Prinzipien der Rendite für wenige tanzen müssen. Andererseits sind es genau diese brutalen Eigenschaften, die der Mehrheit der Menschen in den reichen Industriestaaten einen nie gekannten Wohlstand gebracht haben. Denn so effektiv wie unter kapitalistischen Bedingungen werden kaum irgendwo Industriegüter hergestellt. Die hoch technisierte Massenproduktion macht die Herstellung vieler Waren immer preiswerter. Mehr Verbraucher haben die kapitalistischen Ideale längst verinnerlicht: »Geiz ist geil« – dieser

63

Slogan leitet viele durch die Kaufhäuser oder durch das Web. Das Streben nach mehr ist auch das Ziel vieler Bürger. Und sie genießen die Freiheit, sich ihr Leben ab einem bestimmten Ausbildungsstandard und Gehalt nach eigenem Gutdünken einrichten zu können. Aus diesem Grund arrangieren sie sich mit den Nachteilen dieses Wirtschaftssystems.

Das Zusammenwirken von Massenkonsum und Massenproduktion hat zudem ein kompliziertes Geflecht aus Abhängigkeiten zwischen Unternehmen, Beschäftigten und Verbrauchern geschaffen, das nicht ohne schwerwiegende Rückwirkungen verändert werden kann. Ein anschauliches Beispiel dafür liefert die Autogesellschaft. 46,42 Millionen Autos waren Ende 2018 in Deutschland zugelassen. Das Auto ist noch immer das liebste Kind vieler Deutscher. Rund 800 000 Beschäftigte arbeiten direkt für die Autoindustrie und ihre Zulieferer. An den Konzernen sind viele Privataktionäre, große Geldfonds, Staatsfonds und eine Landesregierung beteiligt. Eine weitere Million Arbeitsplätze ist indirekt von der Fahrzeugbranche abhängig. »Das bedeutet, dass in Deutschland etwa 1,8 Millionen Arbeitsplätze direkt oder indirekt von der Autoproduktion leben«, rechnet Heinz-Rudolf Meißner von der *Forschungsgemeinschaft für Außenwirtschaft, Struktur- und Technologiepolitik* in Berlin vor. Für den Wirtschaftswissenschaftler Meißner stellt die Branche deshalb eine tragende Säule dieser Gesellschaft dar. Sie kann aber auch zum »volkswirtschaftlichen Klumpenrisiko« werden, so Meißner: Wenn diese Branche in die Krise sinkt, taumelt die gesamte Gesellschaft. Das Gleiche gilt auch für die anderen bestimmenden Industriebranchen: Energie, Chemie, Maschinenbau.

Ein »Klumpenrisiko« ist das enge Geflecht aus Massenkonsum und Massenproduktion auch für all jene, die dieses Wirtschaftssystem radikal verändern wollen. Wer – mit guten Gründen – allzu radikal in dieses Geflecht von Produktion und Konsum eingreift, schwächt möglicherweise die Volkswirtschaft, bevor sie neue Stärken entwickeln kann. Wer – aus ökologischen Gründen berechtigt – den Ausstieg aus der Autogesellschaft forciert, trägt die volle Last des Klumpenrisikos. Denn in einer Wirtschaftskrise werden Millionen verunsicherte Beschäftigte oder gar Erwerbslose kaum zur Vorhut einer antikapitalistischen Revolution, sondern eher zur Reservearmee für rechte Rattenfänger.

Heißt das nun, dass der Kapitalismus nicht verändert werden kann? Die Antwort lautet: Nein. Aber diese Veränderungen erfordern die Kunst, dort Neues wachsen zu lassen, wo Altes schrumpfen muss. Notwendig ist eine Politik der langsamen, aber konsequenten Übergänge, um Krisen und Brüche zu vermeiden: von der billigen Wegwerfgesellschaft zur teuren Langfristökonomie; von der Autodominanz zur umweltverträglichen Verkehrsgesellschaft; von der Diktatur durch wenige Kapitalgeber und Eigentümer zum sozial verpflichtenden Eigentum für möglichst viele; von einem System der Bereicherung für wenige zur Solidarität mit allen; von einem Leben auf Kosten der Armen weltweit zu einem Leben in fairem Geben und Nehmen.

Diese Politik der Übergänge wird nur dann akzeptiert, wenn sie die individuelle Wahlfreiheit der Menschen respektiert und ein möglichst dichtes soziales Netz knüpft, das niemanden durchfallen lässt und allen die Chance eröffnet, das eigene Leben neu zu gestalten. Erfolgreich ist diese Politik, wenn sie pragmatisch und radikal zugleich ist, wenn sie verändert, ohne Unternehmen, ihren Beschäftigten oder den Bürgern insgesamt die Lebensgrundlage zu entziehen.

Aber seien wir ehrlich: Auch eine noch so intelligente Politik der Übergänge wird nicht ganz ohne Brüche auskommen. Sie erfordert deshalb viel Mut von den Verantwortlichen, ausgetretene Pfade der Wirtschaftspolitik zu verlassen und Neuland zu betreten. Und sie erfordert viel Mut von Bürgern, sich auf Veränderungen ihres Lebens einzulassen oder – besser noch – selbst jene Veränderungen vorzuleben, die sie von der Politik erwarten.

Die Veränderung des Kapitalismus ist eine Mutprobe – für alle. Doch dieser Mut entscheidet darüber, ob die Bedürfnisse der Menschen, der Zusammenhalt der Gesellschaft und der Schutz vor ökologischer Zerstörung Vorrang genießen – oder aber die Wachstumsinteressen von Konzernen und Investoren.

Fünf Alternativen zeigen, wie der Übergang in eine nachhaltige, gerechte und dennoch demokratisch organisierte Wirtschaftsweise gelingen könnte.

Alternative 1:

Ein gutes Leben für alle

Plädoyer für eine Steuerreform mit Grundeinkommen

So viel soziale Gerechtigkeit wie möglich ist immer wichtig, aber in Zeiten großer Veränderungen ist sie entscheidend. Und genau in solchen Zeiten leben wir. Der globale Konkurrenzkapitalismus wird die deutsche Gesellschaft auch künftig umpflügen, mit der Digitalisierung folgt eine technische Revolution mit tiefgreifenden Auswirkungen auf die Arbeitswelt. Und völlig unterschätzt werden die Auswirkungen eines konsequenten Klimaschutzes auf die Wirtschafts- und Lebensweise der Bewohner aller Industriestaaten. Solche tiefgreifenden Umwälzungen werden die ohnehin schon vorhandenen Zukunftsängste verstärken. Nicht wenige Bürger werden sich wehren. Politische und soziale Konflikte sind vorprogrammiert Ob diese Veränderungen im demokratischen Rahmen, in Freiheit bewältigt werden können, hängt davon ab, wie gerecht die Gesellschaft organisiert, wie solidarisch die Lasten verteilt und getragen werden. Wenn die Bürger das Gefühl haben, für privilegierte Gruppen die Zeche für Veränderungen bezahlen zu müssen, ist der soziale Friede dahin.

Über soziale Gerechtigkeit wird in Deutschland viel und häufig diskutiert, doch die meisten Debatten enden im Kleinklein: hier etwas mehr Sozialhilfe, dort mehr Kindergeld, vielleicht eine höhere

67

Rente für bestimmte Gruppen. Und allzu oft wird Gerechtigkeit verbunden mit Kontrollen und Auflagen vor allem für sozial Benachteiligte. Diese Regelungen knüpfen soziale Sicherheit an enge Bedingungen. Sie bilden allerdings kein umfassendes soziales Netz, das alle Bürger in Zeiten großer Veränderungen auffangen kann.

Und nicht nur dies. In einer demokratischen Gesellschaft geht es um mehr als Sicherheit. Es geht darum, Gerechtigkeit und Freiheit zusammen zu denken. Ein soziales Netz muss die Freiräume der Menschen vergrößern, gerade angesichts grundlegender Veränderungen ihren eigenen Weg im Leben gehen zu können, ohne abzurutschen. Möglich wird dies durch den Anspruch auf ein sozial gerechtes Grundeinkommen für alle.

Ein sozial gerechtes Grundeinkommen

Warum nicht einfach allen ein bedingungsloses Grundeinkommen auszahlen? Weil es nicht sozial gerecht ist, einem Armen und einem Reichen gleichermaßen tausend Euro (oder mehr) im Monat zu bezahlen. Dadurch werden die sozialen Unterschiede nicht geringer. Zudem kommt dieses Modell so teuer, dass es – wenn überhaupt – nur durch höhere Verbrauchssteuern bezahlt werden kann. Die verstärken aber die soziale Ungerechtigkeit, weil Geringverdiener einen viel größeren Anteil ihres Einkommens für den Konsum ausgeben müssen als Besserverdienende.

Die Alternative ist ein sozial gerechtes Grundeinkommen als Teil einer Steuerreform. Stellen wir uns ein einfaches Modell vor. Alle Bürger über 18 Jahre, die ihren Lebensmittelpunkt seit zehn oder fünfzehn Jahren in Deutschland haben, erhalten ein Anrecht auf ein monatliches Grundeinkommen vom Finanzamt. Voraussetzung ist eine Steuernummer, unter der jedes Einkommen angegeben werden muss. Konkret heißt dies: Wer kein anderes Einkommen hat, erhält dieses Grundeinkommen überwiesen. Jedes andere Einkommen – aus Erwerbsarbeit, aus Gewinnen, aus Kapitalerträgen, aus Renten oder aus anderen Quellen – wird besteuert, wie heute. Die meisten Steuerfreibeträge entfallen. Dann wird die Steuerlast mit dem Anspruch auf Grundeinkommen verrechnet. Die Leistungen für Kinder werden zu einer Kindergrundsicherung zusammengefasst, zum Beispiel 400 Euro im Monat.

Zum Beispiel: Herbert Mustermann ist weder erwerbstätig, noch hat er Vermögen. Dann erhält er das Grundeinkommen von – zum Beispiel – 800 Euro monatlich, ausbezahlt vom Finanzamt. Annemarie Musterfrau dagegen verdient pro Monat 3000 Euro. Auch sie hat einen Anspruch auf ein Grundeinkommen von 800 Euro. Allerdings wird dieser Anspruch mit ihrer Steuerschuld verrechnet. Bei einem Steuersatz von dreißig Prozent läge diese bei 900 Euro. Ergebnis: Annemarie Musterfrau erhält kein Grundeinkommen mehr und muss stattdessen lediglich 100 Euro an Steuern entrichten. Bei einem Einkommen von 2666,67 Euro und einem Steuersatz von dreißig Prozent würden sich Steuerschuld und Grundeinkommen aufheben. Dann könnte Annemarie Musterfrau die 2666,67 Euro behalten.

Eine Revolution, die die Menschen stärkt

Was ändert dies nun? Zunächst hilft das Grundeinkommen denen, die kein anderes Einkommen haben, sie erhalten es in voller Höhe ausbezahlt. Die Armen stehen besser da als heute. Vor allem Kinderarmut wird vermieden. Gleichzeitig stockt dieses Grundeinkommen auch geringere Einkommen auf. Je höher das Einkommen jedoch ist, desto weniger Grundeinkommen wird ausbezahlt, ab einem bestimmten Einkommen zahlen die Bürger Steuern. Das ist sozial gerecht – und macht das Grundeinkommen fi-

69

nanzierbar, weil es nur wenigen Bürgern in voller Höhe ausbezahlt werden muss. Auch wenn die Sache zunächst wie eine Neuberechnung der Steuer wirkt, so ist es doch weit mehr als das. Es wäre eine Revolution.

Dieses Grundeinkommen verändert die Rahmenbedingungen für das Leben und Arbeiten grundlegend. Es sorgt dafür, dass niemand in absoluter Armut leben muss – und dies, ohne dass sich die Bürger vor der Bürokratie erniedrigen müssen, um Sozialleistungen zu erhalten. Gleichzeitig dient es nicht »nur« als Netz, sondern auch als Trampolin. Denn wer Erwerbsarbeit leistet oder Gewinne erzielt, wird zwar Steuern zahlen, aber immer mehr Geld haben als jemand, die oder der nur vom Grundeinkommen lebt. So können alle Bürger frei entscheiden, ob sie sich einen Job zusätzlich suchen oder einige Stunden dazu arbeiten. Ein Modellversuch in Finnland bewies, dass die meisten dies tun wollen. Dort erhielten 2000 Erwerbslose ihr Arbeitslosengeld von 560 Euro monatlich als Grundeinkommen. Und siehe da: Die meisten begeben sich auf die Suche nach einer Arbeit, mit der sie sich identifizieren können. Ausbeuterische Arbeit nehmen sie nicht. Sie können ja nicht mehr ins Bodenlose fallen. Dabei hat dieses Grundeinkommen einen entscheidenden Vorteil gegenüber heutigen Sozialleistungen: Es steht jeder Bürgerin, jedem Bürger zu. Es zahlt also niemand für die Ansprüche anderer.

Das Grundeinkommen stärkt die Menschen in allen Lebenslagen. Die Bürger können ihr Leben kreativer und selbstbestimmter als heute gestalten. Wer studiert, erhält immer das Grundeinkommen, unabhängig vom finanziellen Status der Eltern. Wer eine Ausbildung absolviert, steht besser da als heute. Wer sich für eine bestimmte Zeit auf ein Ehrenamt konzentrieren will, kann sich auf das Grundeinkommen verlassen. Und es stärkt Familien: Beide

Elternteile haben einen Anspruch auf Grundeinkommen. Sie können ihr Leben mit Kindern leichter organisieren, indem sie zum Beispiel Erwerbsarbeit teilen. Sie hätten mehr Zeit für ihre Kinder. Ähnliches gilt für Bürgerinnen und Bürger, die Angehörige oder Freunde pflegen. Denn mit dem Grundeinkommen wird es generell leichter, die Arbeitszeit zu verkürzen, weil es die finanziellen Verluste abmildert. Und Arbeit zu teilen wird wichtig, wenn die Digitalisierung Arbeitsstunden wegrationalisiert.

Gleichzeitig wertet ein Grundeinkommen Berufe mit geringen Gehältern auf. Das ist vor allem in den sozialen Diensten wichtig, wo weniger bezahlt wird als in der Industrie. Zum Beispiel in der Pflege. In Schweden wurde in Pflegeheimen der Sechsstundentag erprobt – und siehe da, die Beschäftigten waren zufriedener und seltener krank. Und sie hatten mehr Zeit für die zu Pflegenden. Doch inzwischen wurde der Sechsstundentag wieder abgeschafft. Die Begründung: Er ist bei vollem Lohnausgleich zu teuer. Bei einem sozial gerechten Grundeinkommen wären solche Arbeitsbedingungen leichter umsetzbar. Die Gewerkschaften fürchten, dass bei einem Grundeinkommen die Löhne sinken, weil die Unternehmer die Beschäftigten auf das Grundeinkommen verweisen. Umgekehrt gilt aber: Unternehmen, die schlechte Arbeitsbedingungen bieten, werden kaum mehr Beschäftigte finden – es sei denn, sie zahlen besser und bieten humanere Arbeitsbedingungen.

Das Hamsterrad verliert an Bedeutung

Ein Grundeinkommen schafft ein Stück Unabhängigkeit von dem Hamsterrad, von dem Arbeitsdruck, in das der rasende Finanzkapitalismus die Beschäftigten (und die Unternehmen) treibt. Heute sind die Menschen gezwungen, jeder Arbeit hinterherzurennen, um ihren Lebensunterhalt zu sichern. Ein Grundeinkommen si-

71

chert zwar keinen hohen Lebensstandard, aber es entspannt sich vieles. Der Druck, abzurutschen, wenn man sich nicht anpasst, lässt nach. Das Gleiche gilt für den Druck, jeden Arbeitsplatz zu erhalten, obwohl er die Umwelt zerstört oder ethisch nicht vertretbar ist, wie bei der Herstellung von Waffen. Und nicht nur dies. Ein Grundeinkommen für jede erwachsene Person – ein Leben lang garantiert – fördert den Zusammenhalt. Denn wer mit anderen Menschen zusammenlebt und zusammen wirtschaftet, profitiert stärker vom Grundeinkommen als Einzelhaushalte. So gesehen ist es ein finanzielles Instrument gegen die zunehmende Isolation und Einsamkeit, die sich in unserer Gesellschaft breitmacht.

Ist das Grundeinkommen also die eierlegende Wollmilchsau, die alle Probleme löst? Nein, auch bei einem sozial gerechten Grundeinkommen wird es Härtefälle und Probleme geben, auch mit diesem sozialen Netz wird es Menschen schlechter gehen als anderen. Dennoch ist es eine humane Antwort auf die Herausforderungen des rasenden Finanzkapitalismus, weil die Idee eines Grundeinkommens weder von der Kapitalrendite her denkt noch von bürokratischen Erfordernissen. Sie denkt vom Menschen aus.

Wer bezahlt das Ganze?

Der Wermutstropfen eines solchen Modells ist, dass die Kosten nicht genau berechnet werden können. Niemand weiß, wie die Menschen sich verhalten, wenn erst einmal eine neue Regelung eingeführt ist. Versuchen wir es trotzdem. Das Grundeinkommen ersetzt zunächst eine ganze Reihe von Sozialleistungen wie Arbeitslosengeld II, Grundsicherung im Alter, Bafög, Elterngeld sowie einen Teil der Bundeszuschüsse zur Rentenversicherung. Bei einer Kindergrundsicherung entfallen auch die Leistungen für Kinder sowie die Kinderfreibeträge. Auch wenn speziellere Sozialleistungen wie Wohngeld, Pflege- und Betreuungsleistungen erhalten bleiben, so werden doch Milliarden gespart. Und noch höher sind die Einsparungen, weil jede Menge Steuerfreibeträge entfallen, wie das Ehegattensplitting, das den Staat jedes Jahr rund 20 Milliarden Euro kostet.

Genaue Finanzierungsmodelle gibt es nur wenige. Eines davon stammt von Hartmut Pelzer, dem Altmeister der Vision eines bedingungslosen Grundeinkommens, der 2018 seinen neunzigsten Geburtstag feierte. Er ließ Ende der 1990er-Jahre vorrechnen, dass ein Grundeinkommen nach dem oben genannten Steuermodell von damals 1000 D-Mark für Erwachsene und 300 D-Mark für Kinder eine Erhöhung der Einkommensteuersätze um zwei Prozentpunkte erfordern würde. Wenn die Regierung dann noch eine Vermögensabgabe oder aber einen dritten Mehrwertsteuersatz für Luxusprodukte einführen würde, könnte sie das Grundeinkommen aus dem ständig steigenden Reichtum und aus dem Luxuskonsum finanzieren.

Viele werden spontan sagen: zu teuer, nicht möglich. Doch ein Grundeinkommen kann ein wichtiger Baustein für eine Politik der Zukunft sein. Es versöhnt eine Gesellschaft, die heute immer weiter gespalten wird. Und noch mehr: Es versetzt die Menschen in die Lage, sozial abgesichert und deshalb kreativ und in Freiheit auf die Herausforderungen des globalen Kapitalismus zu reagieren, ohne von ihnen im Hamsterrad zerrissen zu werden. Es wäre ein Netz, um den Übergang hin zu einer gerechten, klimapolitisch nachhaltigen Wirtschaftsweise zu gestalten – und gleichzeitig die individuellen Möglichkeiten der Einzelnen zu vergrößern.

Alternative 2:

Befreiung vom Diktat der Rendite

Gesundheit, Alter, Internet: Mensch vor Profit

Die letzten Jahrzehnte wurden bestimmt durch die neoliberale Überzeugung, dass der Markt und die privaten Konzerne alles besser können als der Staat. Mit dieser Überzeugung (oder besser gesagt: Ideologie) im Rücken öffneten Politiker in Bund, Ländern und Gemeinden privaten Investoren fast alle Türen. Landauf, landab kauften sich private Investoren in die Wasserversorgung, das Energiewesen, den öffentlichen Verkehr, in Krankenhäuser, in Pflegeheime, Dentalzentren und in viele andere Bereiche ein. Post und Telekom wurden privatisiert. Zudem speckten mehrere Bundesregierungen die gesetzliche Rentenversicherung ab und ergänzten sie stattdessen um eine private Altersvorsorge, genannt Riester-Rente. Das Web ist fast komplett in der Hand US-amerikanischer Großkonzerne. Eine Ausnahme machen lediglich das Lexikon *wikipedia*, das über Spender finanziert wird – und das Gratis-Betriebssystem *Linux*. Die Dominanz der Konzerne hat längst auch die Sprache erobert. Während niemand zur Arbeit »opelt« , wird ständig »gegoogelt«.

Dieser Umbau erfolgt überall mit den gleichen Versprechungen: Privatunternehmen sind effizienter und erbringen die gleichen

74

Leistungen zu geringeren Preisen. In der Praxis erfüllten sich die Versprechen der Privatisierer nur selten. Im Gegenteil. Fast überall stiegen die Kosten für die Nutzer, während die Dienstleistungen eher schlechter wurden, von den Arbeitsbedingungen der Beschäftigten ganz zu schweigen. Im Web-Sektor bezahlen die User teuer mit ihren Daten. Gestiegen sind vor allem die Gewinne der Eigentümer. Einen Beitrag zu einer humaneren, verantwortungsvolleren Wirtschaft leistet die Privatisierung nicht. Das Gemeinwohl wird ausverkauft.

Deshalb braucht es eine Abkehr von der neoliberalen Privatisierungspolitik – hin zu Dienstleistungen, die sich an den Bedürfnissen der Bürger orientieren. Eine Wende erfordert den Mut zur Renaissance des Staates. Zwar sollte der Staat nicht alle Aufgaben selbst übernehmen. Doch er muss dafür sorgen, dass die Grundversorgung dem kapitalistischen Renditedenken entzogen wird.

Pflege, Facebook und Co.: Vorrang für die Menschen

In der Pflege und im Gesundheitsbereich, bei der Versorgung mit Wasser, Strom und öffentlichem Verkehr braucht es ein klares Bekenntnis: Es handelt sich um öffentliche Aufgaben, in denen die Bedürfnisse der Menschen Vorrang haben müssen vor den Erfordernissen des Marktes. Sie sollten deshalb von gemeinnützigen Trägern organisiert werden. Dabei gibt es durchaus Raum für das Engagement privater Anbieter oder von Bürgerinitiativen, doch dann braucht es klare Vorgaben für Investitionen, verbindliche Arbeitsregelungen für die Beschäftigten und es braucht eine Begrenzung der möglichen Renditen.

In der digitalen Welt ist dies schwierig, denn diesen Markt beherrschen große US-Konzerne. Gerade deshalb ist es dringend notwendig, gemeinnützige Alternativen zu diesen Konzernen aufzubauen. Petra Grimm, Leiterin des *Instituts für digitale Ethik* in Stuttgart, fordert den Aufbau einer öffentlichen digitalen Infrastruktur. Das könnte zum Beispiel ein »Webook« sein, auf dem den Nutzern alle Dienste zur Verfügung stehen, die ihnen Facebook oder Whatsapp bieten. Und das mit einem Unterschied: Mit den Daten der User werden keine Gewinne für Eigentümer finanziert.

Sahra Wagenknecht und Fabio de Masi, Abgeordnete der Partei *Die Linke* im Deutschen Bundestag, regen einen Verbund von öffentlichen Unternehmen an, die eine Grundversorgung von Such- und Kommunikationsdiensten anbieten – eine Alternative zu den großen Suchmaschinen der US-Konzerne: unentgeltlich, aber auch ohne Gewinninteresse. Zusammen mit dem ohnehin schon durch Spenden finanzierten, demokratisch produzierten Web-Lexikon Wikipedia gäbe es dann eine Struktur im Web, die dem Renditeinteresse großer Konzerne entzogen wäre. Klar: Zu diesem Ziel müsste das europäische Wettbewerbsrecht geändert werden, das den Aufbau öffentlich-rechtlicher Strukturen im Internet derzeit blockiert. Allerdings ist die Änderung dieses Wettbewerbsrechts sowieso notwendig, denn es zementiert die Marktmacht weniger privater Konzerne. Und genau die gilt es zu brechen.

Beteiligung für alle statt Reichtum für wenige

Die gegenwärtige Entwicklung an den Finanzmärkten ist beängstigend. Die Macht geht immer stärker auf Finanzfonds über wie Blackrock, die sich selbst bescheiden als Vermögensverwalter bezeichnen. Diese rechtfertigen ihre Anlagepolitik mit dem Ziel einer höchstmöglichen Rendite damit, dass diese ja den Rentnern und anderen Geldanlegern zugutekäme. Im Zweifel bezahlen dann Arbeitnehmer, deren Arbeitsplätze aus Renditegründen wegrationalisiert wurden, mit ihren Jobs für auskömmliche Renten der Wohlhabenden.

Dies wird so lange geschehen, wie es keine gerechten und sozial-ethisch regulierten Anlagealternativen gibt. Deshalb braucht es große, abgesicherte Fonds, die die Bürger am Reichtum der Wirtschaft beteiligen. An Beispielen und Ideen fehlt es nicht. Zum Beispiel der Staatsfonds für die zusätzliche Altersvorsorge in Schweden. Alle Schweden zahlen 2,5 Prozent ihrer Rentenversicherungsbeiträge in Anlagefonds ein – als Zusatzversorgung zur Rentenversicherung. Fast die Hälfte der Schweden wählt dafür den Staatsfonds »AP7 Såfa«. Dieser Fonds investiert derzeit umgerechnet etwa 50 Milliarden Euro in Aktien- und Rentenfonds. In den vergangenen zehn Jahren machte der Fonds durchschnittlich 15 Prozent Gewinn. Die Verwaltungskosten sind mit 0,1 Prozent des Gewinns gering, denn der Fonds wird von gerade mal knapp dreißig Mitarbeiterinnen und Mitarbeitern verwaltet. Der Vorteil gegenüber dem deutschen Riester-System ist offensichtlich: Wer »riestert«, zahlt hohe Gebühren an Banken und Versicherungen. Dazu käme ein weiterer Vorteil eines staatlichen Rentenfonds: Die Politik könnte ihm soziale, ethische und ökologische Kriterien für Investitionen auferlegen. Das Geld für die zusätzliche Altersversorgung würde dann so investiert, dass es nicht auf Kosten sozialer Ausbeutung oder ökologischer Zerstörung angelegt würde.

Doch die Finanzierung der Altersvorsorge ist das eine, die Beteiligung aller Bürger am Reichtum der Wirtschaft das andere. Man könnte sich dazu einen »Deutschlandfonds« vorstellen – der Begriff stammt von dem ehemaligen rheinland-pfälzischen Ministerpräsidenten Kurt Beck (SPD). Ziel dieses Vorschlages war die stärkere Beteiligung der Deutschen am wachsenden Produktivvermögen. Für diesen Fonds könnten alle Bürgerinnen und Bürger

Anteile erwerben – bei geringem Einkommen mit staatlicher Unterstützung. Mit diesem Geld würde der Fonds in deutsche Unternehmen investieren, einen größeren Teil breit gestreut in etablierte Unternehmen, einen kleineren Teil in innovative Betriebe oder auch in kriselnde, die mit mehr Kapital wieder aus der Krise kommen können. Die Fondsverwaltung unterläge sozialen und ökologischen Kriterien – sie würde von Vertretern der Politik und von gewählten Bürgern kontrolliert. Es wäre eine große Chance, Wirtschaft durch Bürger mitgestalten zu lassen und diese gleichzeitig am Reichtum der Ökonomie zu beteiligen.

Die Macht der Spekulanten begrenzen

Mehr als zehn Jahre nach Ausbruch der Finanzkrise ist die Bilanz ernüchternd. Es gibt zwar eine europäische Finanzaufsicht. Auch wurden die Eigenkapitalquoten von Europas Banken von knapp vier auf knapp sechs Prozent erhöht. Doch ansonsten ist das Finanzsystem so unsicher wie eh und je. Auch bei sechs Prozent Eigenkapital finanzieren die Banken 94 Prozent ihrer Aktivitäten mit Schulden – in Krisen müssen sie wieder vom Steuerzahler gerettet werden. Und spekuliert wird schneller denn je. Und nicht nur dies: Die Spekulanten bestimmen zunehmend das Leben der Bürger.

Dabei erfordert eine konsequente Politik für mehr Sicherheit auf den Finanzmärkten und für eine wirksame Kontrolle von spekulativen Fonds und deren Treiben: Sicherer würden die Banken durch viel höhere Eigenkapitalquoten, vor allem für risikoreiche Geschäfte der Großbanken. Die Schweiz verlangt inzwischen von ihren Großbanken eine Eigenkapitalquote von 19 Prozent. Je mehr eigenes Geld der Banken im Spiel ist, desto vorsichtiger werden sie agieren. Und wichtig ist vor allem: Auch Megafonds wie Blackrock müssen vollständig den Vorschriften und Aufsichtspflichten für

Banken unterworfen werden. Auch sie sollten dazu gezwungen werden, Liquiditätsreserven vorzuhalten. Und es braucht endlich Tranparenzvorschriften für ihre Investitionen. Gut ist, dass das Europäische Parlament solche Regeln erarbeitet. Die Frage ist, ob und wie sie umgesetzt werden.

Dringend erforderlich ist zudem eine Umsatzsteuer auf alle Finanzgeschäfte. Während für jeden Einkauf Mehrwertsteuer fällig wird, gilt dies für Finanzgeschäfte nicht. Es ist Zeit für die viel beschworene Finanztransaktionssteuer auf alle Geschäfte am Finanzmarkt. Gefordert wird zum Anfang ein Satz von 0,1 Prozent (der auch erhöht werden könnte) – er würde vor allem jene Spekulanten belasten, die ständig Handel treiben. Sparer, die hin und wieder Geld anlegen, würden weit geringer belastet als durch die Maklergebühren.

Auch der Markt für Immobilien und Ackerland braucht Regulierung, denn er verkommt immer mehr zu einem Marktplatz für reiche Eigentümer und spekulative Investoren. In Großstädten sind inzwischen zahlreiche Wohnungen und ihre Mieter in der Hand spekulativer Investoren. Deshalb reicht eine Mietpreisbremse bei Weitem nicht aus. Es geht um grundsätzlichere Schritte: nämlich die Förderung des sozialen Wohnungsbaus, die Besteuerung von spekulativem Handel mit Grund und Boden und den Versuch, den gemeinnützigen Wohnraum dem Spiel der Marktkräfte zu entziehen. Wenn das Recht auf Wohnen, das Gemeinwohl insgesamt, nicht anders gewährleistet werden kann, sollten auch Enteignungen (mit Entschädigung) nicht ausgeschlossen werden. Es sei nur an das Grundgesetz erinnert: »Eigentum verpflichtet.«

Das Geld muss wieder den Menschen dienen und nicht umgekehrt.

Die Europäische Union – für die Reichen oder für alle

Die Europäische Union erweckt für viele Menschen den Eindruck einer starken, bürokratischen Macht von oben, die in alle Lebensbereiche eingreift. Doch eine gemeinsame europäische Wirtschafts- und Finanzpolitik gibt es nicht. Im Gegenteil, jede Regierung sieht sich zuerst ihren nationalen Interessen verantwortlich. Solidarität ist derzeit nicht Teil der EU-Politik.

Dabei wäre sie dringend erforderlich. Zum Beispiel in der Steuerpolitik. Noch immer spielen Weltkonzerne die Steuerschlupflöcher der Mitgliedsländer gegeneinander aus – und minimieren die Steuerlast. Zwar geht die EU-Kommission dagegen vor, wenn sie eine rechtliche Handhabe hat. Doch was eigentlich notwendig wäre, geschieht bisher nicht: dass nämlich alle Konzerne in allen EU-Staaten auf jeden Fall eine Mindeststeuer auf ihre Gewinne entrichten müssen. Dann können die Mitgliedsländer nicht mehr gegeneinander ausgespielt werden.

Auch die Währungsunion der EU wird immer wieder in Krisen stürzen, weil es keine solidarische Wirtschaftspolitik in Brüssel gibt. Zu brüchig ist das Fundament des Euro. Es wurde ein gemeinsames Währungsdach errichtet, ohne dass es durch ein solides Haus einer gemeinsamen Wirtschaftspolitik abgestützt wurde. Das hat Folgen: Ein gemeinsames Währungsdach verschärft die Konkurrenz zwischen exportstärkeren und exportschwächeren Euro-Ländern. Früher konnten die exportschwächeren Länder ihre nationale Währung abwerten, um ihre Exporte zu verbilligen und attraktiver zu machen. Eine gemeinsame Währung macht diese währungspolitische Anpassung unmöglich. Volkswirtschaften, die nicht konkurrenzfähig sind, rutschen in die Krise. Ihre Exporte können sie unter diesem Druck nur steigern, indem sie ihre Löhne oder andere Produktionskosten senken. Jede Finanzhilfe der Europäischen Union wird deshalb an die Auflage einer harten Sparpolitik gebunden. Mit Italien, Griechenland und Spanien liegen die Beispiele auf der Hand – die Ungleichgewichte kamen durch die Finanzkrise besonders drastisch zum Ausdruck. Selbst wenn solche Krisen auch auf wirtschaftspolitischen Fehlern nationaler Regierungen beruhen, so haben Anpassungsmaßnahmen wie Lohnsenkungen oder die Kürzung von Sozialausgaben doch schwerwiegende soziale Konsequenzen: Die Arbeitslosigkeit wächst und mit ihr die Armut – gleichzeitig wird an Bildung und Gesundheit gespart. Es ist eine Politik des schlanken Staates, den sich nur die Reichen leisten können.

Was wäre die Alternative? Man stelle sich vor, die Euroländer führten gemeinsam eine Finanztransaktionssteuer von 0,1 Prozent auf alle Umsätze an den Finanzmärkten ein – und ein Teil des Geldes verbliebe bei der Europäischen Union. Dann würde dieses Kapital in den Krisenländern nachhaltig investiert: in erneuerbare Energieträger, in digitale Netze, in ein öffentliches Verkehrssystem, in Schulen, in Gesundheit, in die biologische Landwirtschaft. Das wäre der Beginn einer nachhaltigen Entwicklung, die Arbeitsplätze und mehr Gerechtigkeit schafft, in ganz Europa. Und die Alternative zu einem neoliberalen Kapitalismus, dem die Mehrheit der Regierungen in der Europäischen Union frönt.

81

Alternative 3:

Eine Umweltdividende für alle

Die Klimarevolution für Wirtschaft und Leben

Nachhaltig wirtschaften, umweltgerecht leben, Wachstum sozial-
und klimaverträglich lenken – diese Ziele werden seit mehr als vierzig Jahren proklamiert. Dennoch nimmt die Umweltzerstörung
durch die Ausbeutung von Rohstoffen, die Zerstörung der Regenwälder ebenso zu wie die Verschmutzung der Meere und der Ausstoß an Treibhausgasen. Der Grund: Es gelang bisher nicht, den
Umweltverbrauch zu einem entscheidenden Faktor des unterneh-
merischen Handelns und des täglichen Lebens zu machen. Im Gegenteil: Auf die kurzfristigen Kosten bezogen, ist Umweltzerstörung oft billiger als Umweltschutz – für Unternehmen und Verbraucher. Da die Marktmechanismen die billigsten Angebote belohnen,
hat die Ökologie nur geringe Chancen, die Wirtschaft und den
Konsum zu beeinflussen – von einer besonders bewusst handelnden
Minderheit von Käufern und Unternehmen mal abgesehen.

Um dies zu ändern, braucht es nicht weniger als eine ökologische
Revolution der Wirtschaft. Obwohl dies heute illusionär klingt, ist
sie durchaus vorstellbar. Sie könnte sogar an bestimmten Schalt-
stellen der gegenwärtigen Ökonomie ansetzen und diese Schritt
für Schritt ökologisieren. Erfolgreich wird die Ökorevolution der
Wirtschaft allerdings nur, wenn die Politik den Mut hat, die

Wachstumspolitik der Unternehmen auch gegen mächtige Lobbys zu beeinflussen, und wenn sie die Umwelt-Wende gleichzeitig mit mehr sozialer Gerechtigkeit verbindet, damit nicht in erster Linie die Ärmeren bluten müssen.

Am Anfang war der politische Wille

Dies wiederum ist nicht so illusionär, wie es zunächst klingen mag. An Möglichkeiten jedenfalls fehlt es nicht. Zugegeben, Verbote und Vorschriften sind unbeliebt – und geraten in Konflikt mit der individuellen Freiheit, auf die diese Gesellschaft zu Recht stolz ist. Andererseits wird die kompromisslose individuelle Konsumfreiheit zum Problem, wenn sie auf Kosten anderer Menschen, künftiger Generationen oder auf Kosten von Umwelt und Klima geht. Dann sind auch Verbote und Gebote gerechtfertigt. Und sie haben große Vorteile. Sie gelten für alle Unternehmen, für alle Bürger gleichermaßen, unabhängig von deren Einkommen. Ein Verbot von Einwegplastik und Mikroplastik schadet niemandem, hilft aber der Umwelt; eine Vorschrift für alle Hersteller von Wasch-, Spül- und Putzmitteln, doch nur recycelte Plastikflaschen zu benutzen, ist überfällig, solange alle Bürger brav Plastik sammeln und abliefern; eine Geschwindigkeitsbegrenzung auf Autobahnen spart CO_2, reduziert den Schadstoffausstoß generell, verhindert manch schweren Unfall, trifft dabei alle Autofahrer gleich und kostet so gut wie nichts; ein Verbot von Inlandsflügen merkt der Normalbürger kaum; ständig verschärfte Verbrauchsgrenzwerte für Autos, Nutzfahrzeuge, Flugzeuge oder elektrische Geräte müssen alle Produzenten gleichermaßen umsetzen.

Gleichzeitig stehen und fallen ökologische Veränderungen von Wirtschaft und Gesellschaft mit Investitionen in Alternativen. Wenn weniger Autos genutzt werden sollen, wenn weniger geflogen wird, braucht es mehr Busse, mehr Bahnen und mehr Radwege. Wenn aus der Kohle ausgestiegen wird, braucht es den Ausbau der erneuerbaren Energien – am besten in den Regionen, in denen heute Kohle abgebaut oder verbrannt wird. Wenn von Energiesparmaßnahmen die Rede ist, braucht es finanzielle Fördermaßnahmen. Wo etwas abgebaut wird, muss aufgebaut werden – nur so werden gesellschaftliche Brüche vermieden.

Eine gerechte Ökopolitik ist möglich

Die ökologische Revolution gewinnt allerdings erst an Dynamik, wenn Unternehmen und Verbraucher belohnt werden, die ökologisch umstellen. Dafür kann die Politik durchaus marktwirtschaftliche Mechanismen nutzen, vorausgesetzt, die Verteilung von Einnahmen erfolgt gerecht. Regierungen, die dagegen Abgaben einführen, ohne die soziale Lage der Betroffenen zu berücksichtigen, brauchen sich über Proteste nicht zu wundern. Die ökologische Revolution muss gerecht sein oder sie fällt aus. Zwei Beispiele zeigen, wie und dass dies gehen könnte.

Im April 1999 führte die Regierung des Kantons Basel-Stadt eine Stromabgabe ein, die inzwischen etwa zwanzig Prozent des Strompreises ausmacht. Ihre Hoffnung: Wenn der Strom teurer wird, verbrauchen Bürger und Unternehmen weniger davon. Zwar traf diese Hoffnung schnell auf die Angst der Bürger, dass der höhere Strompreis vor allem die sozial Benachteiligten treffe. Doch genau das gilt in Basel nicht. Denn die Kantonsregierung sackt die Einnahmen aus der Stromabgabe in den Haushalt nicht ein, sondern zahlt sie an die Bürger und an die Wirtschaft zurück. Seither bekommt jeder Bürger, Kinder eingeschlossen, jährlich einen Betrag ausbezahlt, der sich aus der Höhe der Einnahmen ergibt. Das sind im Durchschnitt rund achtzig Schweizer Franken pro Kopf, umgerechnet rund siebzig Euro. Dieser sogenannte Ökobonus, eine Art Umweltdividende, wird automatisch jedes Jahr überwiesen. Und auch für die Basler Betriebe gibt es bares Geld: Ihre Umweltdividende belief sich in den vergangenen Jahren jeweils auf 0,5 Prozent ihrer Lohnsumme. Das heißt: Je mehr Beschäftigte ein Unternehmen hat, desto mehr Geld erhalten die Unternehmen. Am Anfang fragte so mancher Skeptiker: Erst nehmen, dann geben – was soll das? Doch längst haben die Basler und ihre Unternehmen die Botschaft verstanden: Da alle Bürger und Unternehmen im folgenden Jahr den gleichen Betrag erhalten, profitieren sie davon umso mehr, je weniger Strom sie im Vorjahr verbraucht haben. Da alle gleich viel erhalten, bedeutet dies für Arme mehr als für Reiche. Kinderreiche werden besonders entlastet, weil der Bonus für jedes Familienmitglied gezahlt wird. Die Ergebnisse können sich sehen lassen: In der Industriestadt Basel ist der Stromverbrauch in 16 Jahren gerade mal um knapp zehn Prozent gestiegen, viel langsamer als das wirtschaftliche Wachstum. Aufgrund des sozialen Ausgleichs zweifeln die Bürger die Abgabe nicht an. Dass nicht noch mehr Strom gespart wurde, führt der Basler Energiedirektor Christoph Brutschin darauf zurück, dass die Abgabe nicht regelmäßig erhöht wurde: »Der politische Widerstand vor allem der wirtschaftsnahen Parteien war einfach zu groß.«

Ähnlich wie in Basel versucht die Regierung der kanadischen Provinz British Columbia den Ausstoß des Treibhausgases Kohlendioxid zu reduzieren. Sie führte 2008 eine Kohlendioxidsteuer ein, die fossile Brennstoffe verteuert. Sie wurde seither verdreifacht. Als Gegenleistung senkte die Provinzregierung die Einkommensteuer der Bürger, vor allem von Geringverdienern. Das Ergebnis: Seit Einführung der Steuer ist der Pro-Kopf-Verbrauch an fossilen Brennstoffen um 17,4 Prozent gesunken. Zwei Drittel der Einwohner haben sich in einer Umfrage für die Kohlendioxidsteuer ausgesprochen. Und in den jüngsten Wahlen dieses Bundesstaates gewannen jene Parteien Stimmen, die die Kohlendioxidsteuer erhöhen wollen.

Doch so erfolgreich diese Modelle sind – sie schöpfen die Möglichkeiten des Konzepts nicht ansatzweise aus. Sowohl die Basler Stromabgabe als auch die Kohlendioxidsteuer in British Columbia sind zu niedrig für eine echte sozial-ökologische Umwälzung. Doch sie zeigen, was mit einer echten Umweltdividende für jene möglich wäre, die klima- und ökogerecht wirtschaften, arbeiten und leben.

Ökomodell Deutschland

Man stelle sich nur vor, die Bundesregierung wäre mutig, auch gegenüber mächtigen Lobbys der Wirtschaft. Dann würde sie Abgaben auf fossile Brennstoffe, endliche Ressourcen, aber auch auf Pestizide erheben – und die Einnahmen nach dem Basler Prinzip zurückzahlen. Jeder Bürger erhielte den gleichen Betrag, jedes Unternehmen den gleichen Anteil für jeden Arbeitsplatz – aus den Einnahmen der Abgaben. Machen wir es konkret: Deutschland führt eine CO_2-Abgabe ein und verteuert darüber hinaus endliche Ressourcen und Pestizide mit einer Ökoabgabe. Dann werden fossile Produkte wie Sprit, Kerosin, Heizöl teurer – und dies umso mehr, je klimaschädlicher sie sind. Teurer werden auch Produkte, die endliche Rohstoffe enthalten oder Pestizide.

»Das ist doch wieder nur eine miese Abzocke«, werden viele sagen. Allerdings nur bis zu dem Moment, in dem sie und die Unternehmen ihre Umweltdividende erhalten. Unterstellen wir, durch die Abgaben kämen 20 Milliarden Euro zusammen. Dann hätte jede Bürgerin und jeder Bürger einmal im Jahr etwa 250 Euro zu erwarten – bei zwei Erwachsenen und drei Kindern sind es 1250 Euro. Die Unternehmen erhalten umso mehr Geld, je mehr

Leute sie beschäftigen. Spätestens dann wissen alle, wie sie am besten von diesem System profitieren. Die größten Gewinner sind die Haushalte mit dem geringsten Ressourcenverbrauch: Wer wenig Strom und Sprit verbraucht, mit der Sonne heizt, wenig Auto und lieber Fahrrad fährt, Fahrgemeinschaften organisiert, die Bahn nutzt und nicht fliegt, wird im kommenden Jahr mehr vom Staat herausbekommen, als sie oder er über die Ökosteuer an den Staat gezahlt hat. Reiche können weiterhin mehr konsumieren, aber sie werden mit Abgaben zur Kasse gebeten, deren Erträge an alle Bürgerinnen und Bürger gleichermaßen zurückgezahlt werden.

Unternehmen, Finanzinvestoren, aber auch Landwirte werden ihre Investitionsziele überdenken. Ein wichtiges Investitionsziel ist nun die Einsparung der Stoffe, die durch Ökoabgaben verteuert werden. Belohnt werden die Entwicklung energiesparender Techniken, die Investition in erneuerbare Energien. Biologische Landwirtschaft hat nun Preisvorteile gegenüber der Agroindustrie. Haushalte, Institutionen und Unternehmen kaufen energiesparende Geräte und Solarmodule. Ökologische Konsum- und Dienstleistungsangebote schießen wie Pilze aus dem Boden, weil sie sich jetzt auszahlen: Carsharing, neue Bahnstrecken, mehr Busverbindungen, stromsparende Elektronik. Es wird mehr repariert und weniger weggeworfen. Das Recyclinggewerbe blüht auf. Regional wird wichtiger als global. Städte und Gemeinden werden so planen, dass die Arbeitsplätze möglichst nahe bei den Wohnungen liegen. Unternehmen produzieren näher bei ihren Kunden. Wirtschaft und Gesellschaft verändern sich grundlegend.

Deutschland als Vorreiter der Klimapolitik

Die ökologische Revolution hat begonnen – und sie wird nun von der Dynamik des Marktes angetrieben. Sie wird von den Bürgern getragen, weil sie jene belohnt, die ihren Umweltverbrauch möglichst effektiv einsparen. Zugegeben, es gibt eine Gefahr dabei: dass nämlich der Wachstumseffekt den Ökospareffekt auffrisst, indem zum Beispiel mit sparsameren Autos mehr gefahren wird. Doch dieser sogenannte Rebound-Effekt lässt sich vermeiden, indem die Ökoabgaben regelmäßig erhöht werden. Deutschland wäre Vorreiter auf dem Weg zu einer nachhaltigen Ökonomie.

Diese Vorreiterrolle könnte international große Wirkung entfalten. Ein Abgabenmodell, das das Klima schützt und gleichzeitig soziale Gerechtigkeit schafft, wäre für viele Länder attraktiv. Längst überfällig ist eine weltweite Kohlendioxidabgabe, um den Verbrauch von Kohle, Öl und Gas einzudämmen. Der Klimaökonom Ottmar Edenhofer geht davon aus, dass der Kohleboom in den Schwellenländern überhaupt nur begrenzt werden kann, wenn Kohle weltweit verteuert wird. Und nicht zuletzt könnten Regierungen im Süden und Osten der Welt mit den Einnahmen aus der Steuer die Armut in ihren Ländern bekämpfen.

Gelänge dies, dann hätte auch weltweit die ökologische Revolution begonnen. Sie wäre gleichzeitig ein Aufbruch zu mehr Gerechtigkeit in einer nachhaltigen Weltwirtschaft.

Alternative 4:

Freier Welthandel nur für öko-faire Waren

Die Alternative zu Freihandel und Protektionismus

Es ist eine Tragödie: Weltwirtschaftlich stehen sich zwei Handelskonzepte gegenüber, die beide nicht zukunftsgerecht sind. Zum einen wächst die Neigung zum Protektionismus, den Versuch, die eigene Wirtschaft vor billigeren Produkten und Dienstleistungen aus anderen Ländern zu schützen. Donald Trump will die US-Wirtschaft vor den Exporten aus der Europäischen Union und aus China schützen. Die EU propagiert zwar gerne den freien Welthandel, erhebt aber für viele Produkte hohe Zölle und praktiziert eine egoistische Handelspolitik, auch gegenüber der Dritten Welt. Gegen diesen Protektionismus mobilisieren vor allem die Regierungen exportstarker Länder – und viele Wirtschaftswissenschaftler – das Ziel eines freien Welthandels. Im Idealfall lassen alle Länder Produkte aus anderen Staaten zollfrei und ohne Auflagen ins Land. Dies ist zumindest die Idealvorstellung der Freihändler.

Träume aus der Vergangenheit

Es gibt Phasen in der Geschichte oder bestimmte Konstellationen zwischen Ländern, in denen Protektionismus Sinn machte. Eine ganze Reihe von Ländern profitiert heute davon, dass sie ihre Märkte lange abgeschottet hielten. Das gilt vor allem für die Volksrepublik China. Sie konnte durch Abschottung einen großen inneren Markt aufbauen, der dann als Grundlage für eine exportorientierte Entwicklung diente. Historisch setzten aber auch Deutschland und die USA auf den Schutz der Zölle: Deutschland zwischen 1874 und 1914 und die USA zwischen 1865 und 1900. Unter dem Schutz der Zölle konnte sich in beiden Staaten eine eigenständige Industrie entfalten.

Seit dem Zweiten Weltkrieg drängen jedoch vor allem die Regierungen der Industriestaaten auf einen freien Welthandel. Sie folgen einer einfachen Logik. Wenn weder Zölle noch unzählige Vorschriften den Handel zwischen Nationen behindern, dann sorgt die zunehmende Konkurrenz für mehr und billigere Produkte. Die Verbraucher kaufen mehr, die Unternehmen schaffen mehr Arbeitsplätze. Wachstum und Wohlstand gedeihen.

Es gibt Phasen in der Geschichte, in denen der Freihandel genauso gewirkt hat. Zum Beispiel in Deutschland Mitte des 19. Jahrhunderts. Damals kassierten die zahlreichen kleinen Fürstentümer an ihren Grenzen kräftig Zölle ab und machten den Handel so gut wie unmöglich. Der Wegfall der Zölle wirkte wie eine Befreiung: Der Handel nahm rasant zu. Da in allen Fürstentümern in etwa das gleiche wirtschaftliche Niveau herrschte, spezialisierte sich jede Region auf das, was sie am besten konnte. Alle profitierten.

Ähnlich gut lief es nach dem Zweiten Weltkrieg, als sich Deutschland, Frankreich und die Beneluxstaaten zur Europäischen Wirtschaftsgemeinschaft zusammenschlossen. Nach mehr als einem Jahrzehnt Krieg, Hunger und Besatzungswirtschaft sorgte der freie Handel für rasantes Wirtschaftswachstum und viele Jobs. Alle profitierten.

90

In der gegenwärtigen Weltwirtschaft sieht die Sache anders aus. Zwischen den großen Industriezentren USA und Europäische Union sind die Zölle bereits niedrig, der Handel ist dynamisch. Gleichzeitig setzen beide Regionen unterschiedliche Prioritäten in Sachen Gesundheit, Verbraucherschutz, Umweltschutz, und es gibt unterschiedliche soziale Standards und Rechte für Arbeitnehmer. Noch unterschiedlicher sind die Produktionsbedingungen zwischen Industriestaaten, Schwellenländern und Dritter Welt. Gesellschaften mit extrem niedrigen Löhnen, geringen Umweltstandards und noch geringeren Auflagen für Gesundheit und Verbraucherschutz stehen in Konkurrenz zu Staaten, in denen die Menschen viel mehr soziale Rechte genießen, mehr soziale Sicherheit, mehr Schutz vor Krankheit, generell mehr Rechte als Konsumenten.

Da ein freier Handel grundsätzlich die billigsten Anbieter fördert, gewinnen weltweit jene Unternehmen und Länder an Boden, die geringe Löhne zahlen, nur eine geringe soziale Sicherheit gewährleisten und geringe Umweltstandards haben oder keine. Es werden Technologien befördert, die Waren preiswerter machen – unabhängig von den Folgen dieser Technologien. Ein Beispiel ist der Streit um die grüne Gentechnik. Der Freihandel intensiviert den globalen Konkurrenzkampf und dies geht auf Kosten von Mensch und Natur – und dies umso mehr, da Freihandel das Wirtschaftswachstum beschleunigt.

Wer unter diesen Bedingungen der Weltwirtschaft für freien Welthandel plädiert, erhebt den Handel zum Selbstzweck, dem Mensch und Natur untergeordnet werden. Dies ist mit einem demokratisch-emanzipativen Bild von Menschen ebenso wenig vereinbar wie mit der Verantwortung für das Klima und die Natur.

Die Vision eines ethischen Welthandels

Die Kritik am Freihandelskonzept bedeutet jedoch nicht, jeden Handel zwischen verschiedenen Ländern abzulehnen. Es geht stattdessen darum, den Welthandel in Rahmenbedingungen einzubinden, wie dies Christian Felber, in seinem Buch »Ethischer Welthandel« (2017) beschreibt. Er schlägt vor, den Welthandel nicht mehr nach den Prinzipien des Freihandels zu organisieren, sondern nach völkerrechtlichen Abkommen der *Vereinten Nationen*. Zu Recht verweist Felber darauf, dass die Menschenrechte, die Arbeitsnormen der *Internationalen Arbeitsorganisation,* der globale Klimaschutz, der Schutz der kulturellen und biologischen Vielfalt oder die Nachhaltigkeitsziele in völkerrechtlich verbindlichen Verträgen verbrieft sind. »Von daher liegt es nahe, die Umstellung des globalen Handelssystems auf die Ziele und Werte des Völkerrechts abzustimmen«, schreibt Felber. Ihm schwebt vor, das »Handelssystem als Mittel zu gestalten, um diese Ziele zu fördern und effektiver zu erreichen als heute. Das ist der Kern der Vision eines ethischen Welthandels«. Unter diesen Bedingungen wäre der Welthandel kein Selbstzweck mehr, er würde viel mehr den Bedürfnissen der Menschen nach Gerechtigkeit und dem Schutz von Natur und Klima dienen.

Öko-fairer Handel – zum Beispiel Baumwolle

Ist das große Ziel eines ethischen Welthandels überhaupt umsetzbar? Die Antwort lautet: Es widerspricht den wirtschaftlichen Interessen großer, globaler Konzerne und Investoren und muss gegen diese durchgesetzt werden. Doch wenn der politische Wille dazu besteht, könnte dieses Ziel über viele kleine und größere Schritte erreicht werden.

Wie dies gehen könnte, zeigt das Beispiel der Baumwolle. Im Augenblick importiert die Europäische Union Baumwolle als Rohstoff aus verschiedenen afrikanischen und asiatischen Ländern zollfrei oder zu geringen Zöllen. Sie befriedigt damit eine hohe Nachfrage nach Kleidung und anderen Produkten aus Baumwolle. Die hohe Nachfrage hat einen brutalen Konkurrenzkampf unter Baumwollproduzenten ausgelöst. Nach einer Studie des *Worldwatch-Instituts* in Washington aus dem Jahr 2015 sind die Arbeitsbedingungen auf den Baumwollplantagen katastrophal. In Usbekistan müssen oft Kinder in den Ferien auf den Feldern schuften. Speziell in Afrika leben Baumwollpflücker nicht selten von weniger als einem US-Dollar pro Tag. Millionen Bauern haben hohe Kredite aufgenommen, um Gensaat oder Pestizide zu kaufen. »Hohe Verschuldung hat nach Schätzungen in den vergangenen zehn Jahren bis zu 100 000 Baumwoll-Bauern in den Selbstmord getrieben«, schreibt das Worldwatch-Institut.

Hoch sind auch die Kosten für die Umwelt. So verschmutzen die Pestizide in vielen Regionen Flüsse und Grundwasser. Der Wasserverbrauch im konventionellen Baumwollanbau ist sehr hoch. Der Baumwollanbau für ein T-Shirt erfordert bis zu 2000 Liter Wasser, der für eine Jeans rund 8000 Liter. Das *Statistische Bundesamt* hat errechnet, dass die hierzulande verkauften Baumwollprodukte mehr Wasser verbrauchen, als in deutschen Haushalten fürs Baden, Kochen und Waschen durch die Leitungen fließt. Mit jedem Kleiderkauf importieren die Deutschen große Mengen Wasser aus den Trockenzonen der Welt. Menschen in den Produzentenländern und die Natur zahlen also einen hohen Preis für die billige Kleidung der Europäer. Es ist dieser Raubbau an Mensch und Natur, der durch den Freihandel befördert wird.

Es ginge aber auch anders: durch den ökologischen Anbau von Baumwolle. Nach einer Studie der Non-Profit-Organisation *Textile Exchange* braucht Biobaumwolle 91 Prozent weniger Wasser als konventionelle. Das Risiko, die Böden zu versauern, ist um 70 Prozent geringer. »Und es wird beinahe zwei Drittel weniger Primärenergie benötigt.« Doch für den Anbau und den Verkauf von Biobaumwolle gibt es ein Hindernis: Sie ist um 20 bis 40 Prozent teurer als konventionelle Baumwolle. Deshalb liegt ihr Marktanteil in Deutschland unter einem Prozent.

Wie wäre es also, wenn die Europäische Union ihre Handelspolitik ethisch überdenken würde, indem sie zum Beispiel nur ökologisch angebaute Baumwolle zollfrei importiert – und dies nur, wenn die Hersteller auf ihren Feldern die UNO-Arbeitsnormen der *Internationalen Arbeitsorganisation* garantieren? Auf konventionell angebaute Baumwolle würde sie Zölle erheben, die alle paar Jahre erhöht werden. Dann würde konventionelle Baumwolle teurer. In vielen Ländern würde sich die Umstellung auf öko-fair produzierte Baumwolle lohnen. Es wäre ein erster, aber durchaus großer Schritt zu einem »ethischen Handel« mit Baumwolle.

Das große Ziel: der öko-faire Welthandel

Dieses Denkmodell stellt das gegenwärtige System des Freihandels komplett auf den Kopf. Es geht jetzt darum, jenen Produzenten einen echten Konkurrenzvorteil zu verschaffen, die besonders fair, besonders umweltfreundlich und besonders transparent arbeiten. Dann gelten niedrige Zölle für Textilien von Unternehmen aus Ländern, die ihre Beschäftigten tariflich bezahlen. Für Billig-T-Shirts aus abbruchreifen Fabriken in Bangladesch würden hohe Zölle fällig, wenn sie überhaupt importiert werden dürften. Betriebe, die ihren Beschäftigten besonders faire Bedingungen bieten, wären jetzt im Vorteil. Jetzt werden Anbieter belohnt, die gerechter und nachhaltiger wirtschaften. Das Beispiel der fair gehandelten Biobaumwolle lässt sich leicht auf andere Branchen übertragen.

Diese Prinzipien eines öko-fairen Handels könnten die Weltwirtschaft grundlegend humanisieren und umweltgerecht machen. Das wäre auch ein bedeutender Beitrag zur viel beschworenen Bekämpfung von Fluchtursachen im Süden der Welt. Je gerechter und gesünder die Arbeits- und Lebensbedingungen vor Ort sind, desto weniger wirtschaftliche Gründe gibt es, aus der Heimat zu fliehen. Der Welthandel wäre nicht mehr Selbstzweck, sondern ein Instrument im Dienste von Mensch und Natur.

Alternative 5:

Schenkt den Menschen Vertrauen – und Einkommen

Die Befreiung der Welt von Hunger und Armut

Alle hochgelobten Erfolge der Globalisierung dürfen nicht darüber hinwegtäuschen, dass Hunger und Armut für mehr als eine Milliarde Menschen allgegenwärtig sind. Seit Jahrzehnten wird über Strategien diskutiert, um die Menschen von diesen Geißeln zu befreien. So viel entwicklungspolitische Projekte im Einzelnen bewirkt haben, so sind die großen wirtschaftspolitischen Strategien für eine Stärkung der Armen in vielen Weltregionen gescheitert. Die Gründe dafür sind vielfältig, doch einer ist besonders wichtig: Die hohe Politik setzt oft nicht in erster Linie auf die betroffenen Menschen, sondern auf staatliche Institutionen und auf die Wirtschaft. Sie traut den Leuten nicht über den Weg, für die die »Hilfe« eigentlich gedacht ist. Deshalb läuft die Hilfe oft an den Menschen vorbei. Da ist es gut, dass inzwischen Alternativen erprobt werden, die die Menschen vor Ort stärken.

Kenia: Ein Grundeinkommen für 23 000 Menschen

Als Vertreter der Hilfsorganisation *GiveDirectly* die Bewohner des 300-Seelen-Dorfes Makanga im Westen Kenias an einem

96

Sommertag 2016 zu einer Versammlung baten, waren viele der Einwohner ziemlich skeptisch. Schon wieder ein neues Hilfsprojekt. So erzählen es die Mitarbeiter der Organisation. Der Grund: Die Dorfbewohner haben viele Helfer kommen und gehen sehen – und nur wenig hat sich für sie geändert. Noch immer waren Lebensmittel knapp, nur ein Teil der Kinder besuchte eine Schule, Geld für den Kauf von Medikamenten fehlte und wo es doch Geld gab, stammte es von Verwandten, die einst weggezogen waren.

Doch seit dieser Versammlung an jenem Sommertag hat sich für die 300 Bewohner von Makanga einiges geändert. Alle Dorfbewohner, Kinder eingeschlossen, erhalten seither ein bedingungsloses Grundeinkommen von umgerechnet 22 Euro pro Monat. Ausgezahlt wird das Grundeinkommen über den bargeldlosen Zahlungsverkehr durch Mobiltelefone ohne die Notwendigkeit eines regulären Bankkontos – das sogenannte M-Pesa-System. Mit diesem System kann Geld per SMS auf Handys angewiesen werden. Die Empfänger brauchen dazu selbst kein Handy, sie holen ihr Geld in einer M-Pesa-Station ab, die es in vielen Dörfern in Kenia gibt. »Nach unseren Recherchen erreichten 91 Prozent der Zahlungen ihre Empfänger, ohne Mittelsmänner oder Bürokratie. Diese Quote ist um ein Vielfaches höher als bei Hilfszahlungen durch Behörden und Organisationen«, schreibt GiveDirectly. Berechnet wurde der Betrag von 22 Euro nach der offiziellen Armutsstatistik Kenias. Wer in Kenia weniger verdient, gilt als arm. GiveDirectly will zwölf Jahre lang erproben, »ob dieses Grundeinkommen den Menschen aus der Armut hilft«.

Eine erste Zwischenbilanz nach gut zwei Jahren fiel positiv aus, von GiveDirectly und von unabhängigen Beobachtern. Dabei verschweigt GiveDirectly nicht, dass manche Bewohner das Geld einfach verprassen. Aber wie auch das Magazin Stern recherchierte, ist das bei Weitem nicht der Normalfall: »Die Menschen finanzieren mit dem Grundeinkommen ganz Alltägliches, wie Rechnungen, Schulgeld, den Kauf von Lebensmitteln oder Medikamenten. Viele Kinder und Jugendliche könnten ohne dieses Grundeinkommen keine Schule besuchen«, schreibt Katharina Grimm, Wirtschaftsredakteurin des Magazins. Und nicht nur dies: Die Nachfrage nach Lebensmitteln stärkt inzwischen die Anbieter der Umgebung. Im Dorf selbst bauten sich mehrere Familien eine Existenz auf. Sie kauften Felder und bestellen sie, mehrere Familien sparen, um sich – zum Beispiel mit mehreren Rindern – eine kleine Viehzucht aufbauen zu können. »Die ersten Erfahrungen zeigen, dass die Menschen mit Bedacht agieren, sie sind nicht fauler geworden«, bilanziert der Stern. GiveDirectly bestätigt diese Erfahrungen. Ihren Mitarbeitern fiel vor allem auf, dass das Selbstbewusstsein der Menschen gestiegen sei, vor allem das Selbstbewusstsein der Frauen. Sie müssen jetzt nicht mehr als arme Bittsteller auftreten, sondern können sich auf ein Einkommen verlassen. Für Kenia wichtig ist auch die Tatsache, dass das Grundeinkommen für alle die Kleinkriminalität senkt.

Seit Mitte 2018 zahlt die Organisation in weiteren Dörfern Grundeinkommen aus – an insgesamt 17 000 Teilnehmer in 124 Dörfern. Geschätzte Gesamtkosten des Projekts: 30 Millionen US-Dollar, von denen laut GiveDirectly bereits 26 Millionen durch Spenden gesichert sind. Auch diese 17 000 Menschen werden für zwölf Jahre ein Grundeinkommen erhalten.

Dabei sind die positiven Erfahrungen mit einem Grundeinkommen in Kenia kein Einzelfall. Sie decken sich mit einem früheren Modellversuch in Namibia.

Namibia: Erfolgreicher Modellversuch – abgebrochen

In dem heruntergekommenen Dorf Otjivero im Nordosten Namibias veranstaltete eine Allianz aus Evangelischer Kirche, Gewerkschaften und mehreren sozialen Organisationen eine originelle Aktion. Von 2008 bis 2011 erhielten alle 1200 Bewohner des Dorfes unter 60 Jahren ein bedingungsloses Grundeinkommen von umgerechnet zehn Euro pro Monat. Das Experiment wurde wissenschaftlich begleitet. Die Dorfbewohner reagierten ähnlich wie jene in Makanga. Die geschäftlichen Aktivitäten nahmen rasant zu – vom Brotbacken über einen Kaufladen bis hin zu Reparaturarbeiten aller Art. Jedes Kind besuchte eine Schule, zuvor waren es weniger als die Hälfte – die Eltern hatten einfach nicht das Schulgeld.

Gleichzeitig wuchs unter den Bewohnern das Selbstbewusstsein jener, die bisher wenig zu sagen hatten: der Frauen. Manche – vor allem jüngere – Männer verkrafteten das Grundeinkommen anfangs nicht. Sie haben es gleich nach Erhalt versoffen. Die Verantwortlichen mussten einschreiten: Das Grundeinkommen wurde nur noch wöchentlich ausgezahlt – zudem erhalten nur noch die Mütter das Geld für ihre Kinder. Danach hat sich die Lage beruhigt. »Insgesamt hat sich das Lebensniveau in dem Dorf deutlich verbessert – und der familiäre Zusammenhalt auch«, sagt der damals zuständige Bischof Zephania Kameeta. Die wissenschaftlichen Beobachter dieses Modells betonen neben der Einschulung aller Kinder vor allem den Beitrag des Grundeinkommens zu einem lokalen Markt: »Eine Frau backt zum Beispiel Brötchen und verkauft sie im Dorf«, schreibt Herbert Jauch, der Sprecher der Grundeinkommens-Koalition: »Mit dem verdienten Geld hat sie sich einen Herd gekauft und backt nun auch noch Brot und andere Sachen. Ein Mann fing an, Zement zu kaufen und mit Flusswasser zu mischen, und stellt nun Backsteine her. Das war alles nur möglich, weil das Grundeinkommen einen Markt geschaffen hat für diese Produkte.«

Dieser lokale Markt motiviert immer mehr lokale Produzenten, selbst Waren anzubieten – und schafft dann zusätzliches Einkommen, das wieder investiert wird. Es entsteht Wachstum von unten, ohne Bürokratie und technokratische Lenkung von oben. Genau das wiederum schreckt viele Ökonomen und Politiker ab – sie verlieren jede Kontrolle über den Prozess. Auch die namibische Regierung konnte sich bisher nicht entschließen, ein Grundeinkommen landesweit einzuführen, obwohl sogar die staatliche Steuerbehörde dies als Strategie gegen die große Kluft zwischen Arm und Reich empfohlen hatte. Die offizielle Begründung: zu teuer. Die inoffizielle Begründung: Sie hat zu wenig Mut, die Wohlhabenderen zu besteuern, um ein Grundeinkommen für die Armen zu finanzieren.

Brasilien: Ein Land besiegte den Hunger, aber ...

Das Jahr 2014 war denkwürdig für Brasilien. In diesem Jahr strichen die Vereinten Nationen das südamerikanische Land von der Karte der Hungernationen. Dabei wurden 2011 noch rund 14 Prozent aller Brasilianer, insgesamt etwa 25 Millionen Menschen, zu den »extremen Armen« gezählt, die an Unterernährung litten. Heute rechnen die Vereinten Nationen höchstens noch fünf Millionen Brasilianer zu den extremen Armen, deren Ernährungslage immer wieder bedroht ist.

Für diese Verbesserungen sorgte eine Politik, die eine Vielzahl von Maßnahmen gegen Armut und Hunger so miteinander verknüpft, dass mehr Lebensmittel bei mehr Armen ankommen. Alles begann 2003 mit dem Hilfsprogramm *Bolsa Familia*. Im Gegensatz zu einem bedingungslosen Grundeinkommen ist diese Hilfe an klare Bedingungen gebunden: Familien erhalten die Leistungen nur, wenn die Kinder regelmäßig einen Kindergarten oder eine Schule besuchen und an Gesundheitsuntersuchungen teilnehmen. Für diese Bedingungen gibt es gute Gründe.

In den öffentlichen Kindergärten und Schulen erhalten die Mädchen und Buben aus ärmeren Familien kostenlose Mahlzeiten. Allein dadurch konnte nach einem Bericht der brasilianischen Regierung die Unterernährung unter Kindern um ein Drittel gesenkt werden. Dazu kommt: Früher wurden bei Schulspeisungen vor allem industriell gefertigte Nahrungsmittel verkocht. Inzwischen wird die Schulspeisung mit der Förderung der bäuerlichen Landwirtschaft verknüpft. So legte die damalige brasilianische Regierung gesetzlich fest, dass mindestens ein Drittel der Nahrungsmittel in Kindergärten und Schulen von Kleinbauern gekauft werden muss. Landauf, landab sorgen seither Genossenschaften dafür, dass auch Lebensmittel von abgelegenen Höfen an Kindergärten und Schulen verkauft werden. Die gleiche Bedingung gilt auch für die staatliche und kirchliche Armenspeisung. Wer Armenküchen betreibt, muss garantieren, dass ein Drittel der Nahrungsmittel oder mehr aus der bäuerlichen Landwirtschaft stammt.

Wie in Kenia oder früher in Namibia fördert auch Brasilien auf diese Weise die lokale Produktion über lokale Märkte. Durch die staatlichen Vorgaben haben viele Kleinbauern mehr Sicherheit, dass die von ihnen erzeugten Lebensmittel auch einen Markt finden. Gerade für die kleinen Höfe, die in Brasilien rund 70 Prozent der Lebensmittel erzeugen, ist dies ein Anreiz, mehr zu produzieren, um mehr zu verdienen. Nach einem unabhängigen Bericht der Welternährungsorganisation FAO konnten die Einkommen der kleinbäuerlichen Landwirtschaft von 2008 bis 2014 um durchschnittlich 52 Prozent gesteigert werden. Es verwundert nicht, dass dieses Konzept bei den Vereinten Nationen viel Aufmerksamkeit fand. »Ich bin hier, um zu sehen, wie erfolgreich gearbeitet wird, und werde dieses Erfolgsrezept weitertragen«, sagte Josette Sheeran, die Direktorin des Welternährungsprogramms der UNO, nach dem Besuch kleinerer Bauernhöfe im Jahre 2014.

Dieser Erfolg wird allerdings in den letzten Jahren zunehmend infrage gestellt, denn schon damals war klar, dass dieses Konzept von politischen Entscheidungen abhängt: »Der Kampf gegen Hunger und Armut beruht immer auf politischen Entscheidungen«, sagt Orlando dos Santos, Professor für Soziologie in Rio de Janeiro. »Eine Regierung muss dies wollen und die entsprechenden finanziellen Mittel zur Verfügung stellen.« Umgerechnet rund 11,5 Milliarden Euro pro Jahr flossen in diese Programme.

Doch die besten Zeiten für diese Programme sind vorbei, seit die Politik in Brasilien von Korruptionsskandalen beherrscht wird. Speziell wegen der Verwicklung linker Politiker in diese Skandale wurden die Armenprogramme geschrumpft. Seit Anfang 2019, als die Linke die Macht verloren hat, sind Programme gegen die Armut in höchstem Maße gefährdet, denn hinter den Konservativen in Brasilien stehen Großgrundbesitzer und Wohlhabende, die für Kleinbauern und Arme wenig übrig haben.

Hilfe zur Selbsthilfe der Betroffenen

Grundeinkommen in Kenia und Namibia, Anti-Hunger-Strategie für Brasilien: Hilfe ist umso effektiver, je mehr sie bei Betroffenen vor Ort ansetzt. Ein Grundeinkommen für die Menschen kann dafür ein wichtiges Element sein. Damit es keine Missverständnisse gibt: Ein Grundeinkommen ersetzt nirgendwo staatliche Investitionen in die Energieversorgung, in Straßen, in Schulen, in Gesundheit. Aber es kann die Initialzündung zur Aktivierung der Bevölkerung sein, weil es Vertrauen schafft und einen lokalen Markt. Gerade in den armen Regionen der Erde ist es notwendig, einen lokalen Markt zu schaffen, der mit der Nachfrage nach Grundbedarf wie Lebensmittel oder etwa Kleidung auch deren Produzenten stärkt. Nur so kommt ein Wirtschaftskreislauf in Gang, der eine nachhaltige Entwicklung von unten tragen kann. Inzwischen öffnen sich auch Entwicklungsorganisationen diesem Gedanken. Sie gehen zunehmend dazu über, Geld direkt auszuzahlen statt Nahrungsmittel zu liefern. Nur dies fördert Landwirtschaft und Handel in der Umgebung. Voraussetzung für den Erfolg dieser Strategie ist eine gewisse politische Stabilität und eine Technologie, die einen sicheren Geldtransfer an die Menschen vor Ort garantiert, wie das M-Pesa-System in Kenia. Doch wenn der Aufbau einer Wirtschaft von unten gelingt, trägt er mehr zu Frieden und Stabilität einer Region bei, als dies viele Großprojekte je bewirken können. Und nicht nur dies: Wer zu Hause eine Lebensperspektive sieht, muss nicht fliehen.

Eine Vision für Mossul

Deshalb sind die Erfahrungen mit einem Grundeinkommen auch wertvoll für den Aufbau von Regionen nach dem Ende eines Krieges. Zum Beispiel im irakischen Mossul. Für den Wiederaufbau dieser Großstadt veranschlagte eine Geberkonferenz in Kuwait Aufwendungen von 25 Milliarden Dollar. Natürlich sind Investitionen und Bauprogramme dringend notwendig. Doch in einem kriegsgeschädigten Land wie dem Irak mit verwickelten politischen Verhältnissen ist die Gefahr groß, dass Milliardenbeträge irgendwo im Gestrüpp von Politik, Bürokratie und multinationalen

Konzernen hängen bleiben und den Menschen vor Ort nicht helfen. Wäre es da nicht eine gute Idee, einen Teil der geplanten Aufwendungen von 25 Milliarden Dollar, etwa eine Milliarde US-Dollar, als direkte Hilfe für die Rückkehrer nach Mossul vorzusehen? Etwa nach folgendem Muster: Wer zehn Jahre lang in Mossul gelebt hat, fliehen musste und jetzt zurückkehrt, erhält mehrere Jahre lang ein geringes Grundeinkommen – der gleiche Betrag für Kinder und Erwachsene, über ein digitales Zahlungssystem. Dieses Einkommen käme direkten den Menschen zugute. Damit könnten sie einkaufen: Lebensmittel, Kleider, Material zur Renovierung ihrer Wohnungen. Dann würden andere Rückkehrer Bäckereien, Metzgereien, Nähereien und Handwerksbetriebe eröffnen, um die Grundbedürfnisse der Menschen zu befriedigen.

Ein solches Grundeinkommen würde direkt bei den Menschen ankommen, ihr Selbstbewusstsein stärken und ihr Vertrauen in die Zukunft. Es würde sie aktivieren und einen lokalen Wirtschaftskreislauf in Gang setzen, der eine Entwicklung von unten ermöglicht – als Grundlage für Investitionen in den Wiederaufbau. Es wäre Hilfe zur Selbsthilfe, die nicht bei den Herrschenden hängen bleibt, sondern die Menschen stärkt, ohne die eine humane Entwicklung nicht möglich ist. Weder in Mossul noch anderswo.

Entwicklung von unten braucht gerechte Verteilung

Noch immer hält sich unter Entwicklungspolitikern und Ökonomen die Meinung, man könne Armut in erster Linie mit neuen Techniken wie grüner Gentechnik, mit mehr Produktivität und Großprojekten bekämpfen. Doch weit gefehlt. Natürlich braucht es eine Infrastruktur mit Straßen und einer Energieversorgung. Doch wichtiger ist die Verteilungsfrage: Es werden weltweit genügend Kalorien produziert, um sogar zehn Milliarden Menschen zu ernähren. Doch diese Kalorien sind sehr unterschiedlich verteilt. Die Ärmsten besitzen kein Land, um Nahrungsmittel anzubauen, und kein Geld, um Nahrungsmittel zu kaufen. Erst mehr Verteilungsgerechtigkeit macht effektive Strategien gegen Hunger und Armut möglich.

Wie einfach ein Grundkommen in dieser Welt der Ungleichheit für die Armen zu finanzieren wäre, zeigt ein Denkmodell. Monatlich wächst das Vermögen der 1892 Milliardäre um knapp 80 Milliarden US-Dollar. Allein ein Viertel dieses Zuwachses würde genügen, um einer Milliarde Armer ein Grundeinkommen von 20 US-Dollar pro Monat zu bezahlen. Weltweite Gerechtigkeit ist keine Frage der Finanzmittel, sondern der Bereitschaft und der Macht, einen Teil dieser Finanzmittel in die Armen dieser Erde zu investieren und ihnen damit das Vertrauen zu schenken, dass sie ihr Schicksal und das ihrer Kinder ein Stück weit selbst in die Hand nehmen. Es ist eine Frage an die hohe Politik – und nicht zuletzt an alle Bürgerinnen und Bürger, die im Wohlstand leben

Aufbrüche

Auch wir sind Wirtschaft

Keine Veränderung ohne unsere Veränderung

Wer diese Gesellschaft, diese Wirtschaft grundlegend verändern will, kommt um eine unbequeme Schlussfolgerung nicht herum: Auch die normalen Bürger, auch wir sind Wirtschaft. Deshalb wird sich wenig ändern, wenn wir uns nicht ändern. Unser Konsum ist – neben Staat und Unternehmen – eine von drei zentralen Säulen, die diese Volkswirtschaft tragen. Wir sind es, die die Produkte kaufen. Es ist auch das Geld der normalen Bürgerinnen und Bürger, das Banken und Versicherungen verwalten. Deshalb tragen wir eine Mitverantwortung für die Folgen unseres Konsums, unserer Geldanlagen. Diese Erkenntnis ist wahrlich unbequem. Schließlich sind wir doch alle von den »Gesetzen« des Marktes geprägt. Wir wählen aus vielen Angeboten aus, was günstig und gut erscheint, welche Geldanlage mehr Zinsen bringt. Und jetzt also Umdenken, über die Folgen reflektieren, Hintergründe ausleuchten, auf die andere Seite des Ladentisches blicken. Das erfordert Mut, ist unbequem. Deshalb fällt es vielen Konsumenten sehr schwer. Dennoch lockt eine Belohnung. Wer wirklich umdenkt, wird feststellen, dass es sehr befriedigend sein kann, die Wirtschaft nach den eigenen Idealen zu gestalten – und zu erleben, dass dies möglich ist. Etwas mit gutem Gewissen zu tun, ist nicht wenig im Leben.

Unbequeme Fragen

Umdenken kann aber nur, wer zunächst kritische Fragen an sich selbst zulässt: Brauche ich alles, was ich kaufe? Müssen wir unser Leben am reinen Materialismus ausrichten? Wann wird Selbstverwirklichung zu Egoismus? In welchem Verhältnis stehen Selbstverwirklichung und die Freude an Gemeinschaft und Freundschaft? Haben wir uns an eine Gratiskultur im Internet gewöhnt und merken nicht, dass wir dafür teuer bezahlen müssen? Sind wir uns bewusst, dass die billige Banane irgendjemanden auf der Welt teuer zu stehen kommt? Kann ich mir vor Augen führen, dass die Zinsen, die ich von der Bank erhalte, von jemandem bezahlt werden müssen? Kann ich mir vorstellen, anders zu arbeiten, mehr Zeit für mich, mehr Zeit für meine Kinder zu haben? Können wir anders leben, können wir uns engagieren und das Leben doch genießen?

Ermutigende Antworten

Nur wer sich solchen (und weiteren) Fragen öffnet, kann sich verändern. Doch wer sich diesen Fragen stellt, macht eine tolle Erfahrung. Es gibt viele Alternativen zum Bestehenden. Ob bei Lebensmitteln, bei Kleidung, bei Autos, bei Suchmaschinen, bei E-Mail-Servern, bei IT-Geräten: Für fast jedes Angebot gibt es eine Alternative, die mit Rücksicht auf die Ressourcen, das Klima und die Arbeitsbedingungen der Produzenten angeboten wird. Und sie ist oft als solche gekennzeichnet. Zugegeben, eine faire und nachhaltige Herstellung macht Waren und Dienstleistungen teurer. Für Geringverdiener sind manche Angebote unerschwinglich. Doch vielfach gilt: Weniger ist mehr und die Kosten bleiben gleich.

Im Bereich der Geldanlagen wurden wir im vergangenen Jahrzehnt Zeugen einer unsichtbaren Revolution. Es gibt inzwischen rund 260 nachhaltige Aktien- und Rentenfonds, die die gleichen Renditen abwerfen wie andere Anlagen, aber das Geld der Anleger eben nicht in Waffen, Gentechnik, Umweltzerstörung oder andere schädliche Ziele investieren. Alle Banken haben Zugang dazu. Mit der *GLS-Gemeinschaftsbank*, der *Umweltbank*, der *Triodos-Bank* und der *Ethikbank* gibt es spezielle Kreditinstitute, die das Geld der Kunden ausschließlich nach klaren sozialen und ökologischen Kriterien investieren. Zwei Anrufe, ein paar Klicks, und die Anlagen sind getätigt. Und bei Versicherungen gibt es inzwischen zu jeder Anlageform eine sozialethische Alternative, auch für die Altersversorgung. Stellen wir uns doch einfach mal vor, Waffenfabriken und Umweltzerstörern würde das Geld ausgehen, weil sie unseres nicht mehr bekommen. Natürlich wird das in der Realität nicht passieren, aber allein die Vorstellung lohnt.

Alternativen gibt es für fast alles, was dem herrschenden Kapitalismus heilig ist. Privatpersonen, Unternehmen, Dienstleiser, Kirchengemeinden, Vereine, Verbände können schon heute aus Kohle und Atom aussteigen: durch den Kauf von Ökostrom. In vielen Städten muss niemand ein eigenes Auto besitzen, um ein Auto zu nutzen. Man kann sich Autos teilen, auch Elektroautos. Das Gleiche gilt für den Kleidertausch, für viele Konsumgüter. Warum müssen wir eine Wohnung besitzen, wenn wir auch genossenschaftlich wohnen können – vor allem angesichts drohender Einsamkeit im Alter?

Klar, der Weg vom Umdenken zum anders Handeln ist schwierig. Und nur die wenigsten können ihn konsequent beschreiten. Doch das ist gar nicht erforderlich. Wenn alle Zeichen für eine gerechtere, ökologische Wirtschaft im Dienste der Menschen und nicht nur der Investoren setzen, werden diese Zeichen gesehen und gehört. Denn wenn in der kapitalistisch bestimmten Marktwirtschaft eines immer noch zählt, dann das, was die Menschen am Markt einfordern.

Die Macht der Einzelnen und die hohe Politik

Dennoch bleibt ein Wermutstropfen: Anders leben allein reicht nicht aus, um das große Ganze zu verändern. Frustrationen sind vorprogrammiert. Denn nur eine kleine Minderheit macht mit – der Anteil des fair gehandelten Kaffees ist rasant gestiegen, liegt aber dennoch bei nur 2,5 Prozent. Nachhaltige Geldanlagen haben einen Marktanteil von drei Prozent – das verändert noch lange nicht das Finanzsystem. Leider hat die Tatsache, dass die Deutschen weniger Fleisch essen, weder die Fleischproduktion verringert noch die Massentierhaltung eingeschränkt. Der Grund: Intensivlandwirtschaft und Massentierhaltung werden politisch gefördert – auch durch die Europäische Union. Zudem gibt es Ziele, die die vielen Einzelnen nicht beeinflussen können – wie eine gerechte Verteilung des Volkseinkommens, ein faires Rentensystem oder etwa eine Reform des Finanzsystems. Dafür braucht es eine andere Politik.

Und doch ist es wichtig, dass möglichst viele Bürgerinnen und Bürger den Satz des gewaltfreien indischen Freiheitshelden Mahatma Gandhi beherzigen: »Wenn wir uns selbst verändern, werden sich auch die Entwicklungen auf der Welt verändern. So wie der Mensch seine Haltung verändert, wird sich auch die Haltung der Welt gegenüber ihm verändern. Wir sollten dabei nicht warten, was die anderen tun.« Nur so zeigen die Bürger der Politik, dass sie für jene Veränderungen bereit sind, die sie von der Politik erwarten. Und nur wenn die Bürger selbst zu Veränderungen bereit sind, können sie von der Politik Veränderungen einfordern. Und dann erleben sie, dass sich Politik doch bewegen lässt.

Und plötzlich geht es doch
Wie sich Politik verändern lässt

Kein Zweifel, die Politik der vergangenen Jahre war frustrierend. Sie hatte nicht den Mut, Zukunftsthemen wirklich konsequent anzugehen. Andererseits müssen die meisten Bürgerinnen und Bürger selbstkritisch einräumen, dass sie die Politik viele Jahre lang auch nicht gefordert haben, sieht man von einer kleinen engagierten Minderheit ab. Die frustrierende Politik ist auch ein Spiegelbild der Frustration vieler Bürger. Also ist alles doch vergebens?

Nicht ganz. Die Zeiten ändern sich gerade, 2019. Mehr Menschen wagen sich wieder auf die Straße, um dort für soziale und ökologische Ziele zu kämpfen, zeigen Gesicht und Mut. Und dann erleben sie, was lange Zeit niemand mehr glauben wollte: dass die Politik doch reagiert, oft zähneknirschend. Und zuweilen auch gegen jene Wirtschaftslobbys, die ihre Politik bisher bestimmt haben.

Zum Beispiel in der Energiepolitik. Hitzesommer in Deutschland, Waldbrände in Kalifornien, zerstörerische Wirbelstürme und Überschwemmungen in Asien – die Einschläge der Erderwärmung rücken näher. Die Politik spielt auf Zeit. Doch dann geschieht es: Plötzlich demonstrieren Zehntausende Bürgerinnen und Bürger rund um den Hambacher Forst für den Ausstieg aus einer Energietechnologie, die das Klima aufheizt, die Heimat abbaggern lässt und Wälder unwiederbringlich zerstört. Politik und Wirtschaft reagierten zunächst wie gehabt und beschimpfen die

113

Widerständler als Radikale. Doch je mehr Bürger sich solidarisieren, umso weniger gelingt dies. Dann folgt die Wende, auch durch Gerichte: Es gibt einen Aufschub. Dann tagt die Kohlekommission der Bundesregierung. Und siehe da, sie schlägt einen Termin für den Ausstieg aus der Kohle vor – auch gegen den Widerstand der Energiekonzerne. Ohne die Hambacher Proteste hätte sie wohl noch lange getagt, ohne Ergebnis.

Der gleiche Mechanismus zeigt sich in großen Städten. Die *Deutsche Umwelthilfe* verklagt Kommunen auf die Einhaltung der Grenzwerte für Luftschadstoffe. Gerichte verordnen Fahrverbote für bestimmte Autos. Halb Deutschland regt sich über die Initiative auf. Konservative Politiker wollen der Umwelthilfe finanziell ans Leder, Dieselfahrer gehen auf die Straße. Doch dann die Wende: Viele Kommunalpolitiker reagieren konstruktiv. In Wiesbaden wurden plötzlich Elemente einer Verkehrspolitik »weg vom Auto« umgesetzt, die bisher allenfalls erwogen worden waren: mehr Busspuren, mehr Radwege, mehr Busse, mehr Jobtickets für Beschäftigte, Car-Sharing wird gefördert, Elektrobusse sind bestellt. Jetzt will auch München ein radikales nachhaltiges Verkehrskonzept vorlegen. Die Verkehrspolitik ändert sich also doch – durch den Druck mit Fahrverboten.

Radikale Veränderungen wird es auch in Bayern geben. Mehr als eine Million Menschen haben ein Volksbegehren zur Artenvielfalt unterzeichnet: »Rettet die Bienen«. Diese Forderung ist umfassend gemeint. Es geht den Initiatoren um gesetzliche Vorgaben zum massiven Ausbau der naturnahen Landwirtschaft, den Schutz von Alleen und Hecken sowie viele weitere Maßnahmen zum Naturschutz – in Konkurrenz zu den überall sprießenden Industrie- und Gewerbegebieten. Die Landesregierung, die bisher vor allem dem *Deutschen Bauernverband* gehorcht, ist geschockt, wird aber reagieren müssen, zumal die regierende CSU in der letzten Wahl viele Stimmen an die Bündnis-Grünen und an die Freien Wähler verloren hat. Eine unkontrollierte Wachstumspolitik ist offenbar doch nicht sakrosankt.

Viel Energie und viel Kreativität für die Veränderungen des Wirtschaftssytems kommt seit Jahren aus der größten Massenbewegung der Welt: der Frauenbewegung. Der weltweit am meisten verwendete Hashtag war 2018 #MeToo, der eine anhaltende Debatte über Sexismus, Belästigung und sexualisierte Gewalt begleitete. Doch neben dem Kampf der Frauenbewegung für eine gleichberechtigte Teilhabe an führenden Positionen in Wirtschaft, Politik und auch an den Universitäten geht es vielen Frauen auch um eine andere Wirtschaftsweise. Sie wehren sich seit vielen Jahren, dass »Waschen, Gebären, Stillen, Putzen, Zuhören, Erziehung und familiäre Formen der Fürsorge nicht als Beitrag zum Wohlstand gezählt werden«, so die Theologin Ina Prätorius, »während Tätigkeiten und Produkte wie Waffen, Schönheitsoperationen, Talkshows, Finanzprodukte oder Rennautos selbstverständlich als Befriedigung menschlicher Bedürfnisse im Wohlstandsmaßstab des Bruttoinlandsproduktes eingerechnet sind«.

Frauen wollen nicht mehr auf Familienarbeit oder in der Wirtschaft auf den – durchaus wichtigen, aber immer noch unterbezahlten – Fürsorgebereich abgedrängt werden. Noch immer kümmern sich Frauen im Wesentlichen um Kinder und um unterstützungsbedürftige Angehörige. Aus diesem Grund fordert zum Beispiel das Netzwerk *Care Revolution* eine Umwälzung der Fürsorgearbeit. »Wir treten für eine Gesellschaft ein, in der Frauen nicht als billige Arbeitskräfte missbraucht werden und in der statt Kostensenkung und Profitmaximierung menschliche Bedürfnisse, besonders die Sorge füreinander, im Zentrum stehen«, fordert die

Sozialwissenschaftlerin Gabriele Winker. Aus diesen Diskussionen der Frauenbewegung ergeben sich vielfältige und kreative Vorschläge für eine ganzheitliche Sicht der Wirtschaft, die die »Fürsorge« für Menschen und für die Natur zu gleichberechtigten Elementen des Wirtschaftens machen. Und solche Vorschläge werden umso brisanter, je stärker die Rolle der Frauen in der Gesellschaft wird. Dies gilt bei Weitem nicht nur für Deutschland, sondern auch für die sogenannte Dritte Welt, wo sich immer mehr Frauen dagegen wehren, dass sie die meiste Arbeit verrichten, während die Männer die politische Macht innehaben und den größten Teil der Wirtschaft und des Bodens besitzen.

Auch ein anderer Massenprotest blieb nicht ganz ohne Folgen. Mehrere Jahre demonstrierten Millionen Menschen gegen die geplanten Freihandelsabkommen mit den USA (TTIP), mit Kanada (CETA) und später mit Japan (JEFTA). Hunderttausende gingen zu Veranstaltungen, um sich über die trockenen Zusammenhänge internationaler Handelskonventionen zu informieren. Auf den ersten Blick sind diese Proteste gescheitert. Zu TTIP kam es zwar bisher nicht – wegen Trump. Das Abkommen mit Japan ist in Kraft getreten, CETA ist auf dem Weg. Das klingt frustrierend. Und doch haben die Proteste Wirkung hinterlassen. Noch im Jahre 2018 hat das EU-Parlament mit überwältigender Mehrheit eine Resolution verabschiedet, in der es die EU-Kommission auffordert, »das Thema Klimawandel in internationale Handels- und Investitionsabkommen aufzunehmen und die Umsetzung der Klimavereinbarung von Paris zur Voraussetzung für den Abschluss künftiger Abkommen zu machen«. Wenn sich dies durchsetzt, ist es mehr als ein Teilerfolg der Protestbewegung gegen Freihandelsabkommen. Dann zum ersten Mal werden ökologische Gesichtspunkte Teil von Handelsabkommen.

Auch die Proteste gegen soziale Ungerechtigkeit, gegen Altersarmut in Deutschland sind in Berlin angekommen. Immerhin haben die Sozialdemokraten Vorschläge für eine Grundrente unterbreitet, um Altersarmut zu lindern. Und sie wollen ihre eigene Hartz-IV-Reform korrigieren – zugunsten einer höheren Grundsicherung mit weniger Kontrollen und Sanktionen. Abgerundet werden die Vorschläge durch eine Erhöhung der Mindestlöhne von knapp neun Euro auf bis zu zwölf Euro. Unternehmerverbände und einige Wirtschaftswissenschaftler warnen bereits wieder vor dem Verlust von Arbeitsplätzen. Das allerdings taten sie auch vor der Einführung des gesetzlichen Mindestlohnes. Doch es gingen keine Arbeitsplätze verloren. Die Bürger begrüßen die Initiative.

Und manche Initiativen gehen weit über so gemäßigte Forderungen wie jene der SPD hinaus. Speziell die Bürgerinnen und Bürger in den Großstädten haben die hohen Mieten und die Spekulation mit Wohnungen, Häusern und Land satt. Deshalb fordert in Berlin eine Initiative, allen Wohnungseigentümern mit mehr als 3000 Objekten ihren Immobilienbesitz zu entreißen. Die Bewegung beruft sich auf Artikel 15 des Grundgesetzes. Darin ist formuliert, dass »Grund und Boden, Naturschätze und Produktionsmittel« zum Zwecke der Vergesellschaftung in Gemeineigentum oder in andere Formen der Gemeinwirtschaft überführt werden können, gegen Entschädigung. Es ist die erste große Bewegung gegen Finanzfonds und Spekulanten, die auch in anderen Bereichen Schule machen könnte, in denen Finanzfonds an Einfluss gewinnen: Gesundheit und Pflege.

Mut macht auch, dass sich solche Aufbrüche nicht auf Deutschland beschränken. Seit Jahren wachsen in den USA die Proteste für mehr soziale Gerechtigkeit, für Klimaschutz. Jetzt feiern ihre Verfechter einen ersten politischen Triumph. Zahlreiche Abgeordnete der Demokratischen Partei im Kongress haben einen »Green New Deal« vorgestellt, der die US-Wirtschaft in zehn Jahren komplett umorganisieren will. Danach sollen erneuerbare Energien 100 Prozent der Energie liefern, Verkehr und Landwirtschaft komplett umorganisiert und ökonomische Gerechtigkeit für alle hergestellt werden. Sicherlich visionär. Aber immerhin ein visionäres Alternativkonzept, wie es im Kongress der Vereinigten Staaten noch nie diskutiert wurde.

Diese Entwicklungen bedeuten noch keine tiefgreifende Veränderung des Kapitalismus. Aber sie zeigen: Wenn sich Bürger bewegen, bewegt sich auch die Politik. Und was daraus werden kann, zeigt die jüngste deutsche Geschichte. Seit mehr als dreißig Jahren demonstrieren Bürger in Deutschland gegen Atomkraft. Doch sie gingen nicht nur auf die Straße. Sie entwickelten Alternativen, bauten die ersten Solarmodule auf ihre Dächer, sparten Energie, gründeten Energiegenossenschaften. Zum Boom der erneuerbaren Energien kam es, als die – rot-grüne – Regierung diese mit dem Erneuerbare-Energien-Gesetz förderte.

Nach der Katastrophe von Fukushima sah sich auch Bundeskanzlerin Angela Merkel, eine Anhängerin der Atomenergie, zum Ausstieg aus der Atomkraft gezwungen, weil die Mehrheit der Wähler gegen Kernenergie war und ist. Seitdem läuft eine energiepolitische Revolution: Die großen vier Energiekonzerne mussten erheblich Macht abtreten, dafür sind Hausbesitzer und Bürgergenossenschaften zu Energielieferanten geworden. In einigen Jahrzehnten wird Energie fast nur noch aus erneuerbaren Energiequellen gewonnen – und die sind hoffentlich verstärkt in Bürgerhand.

Tiefgreifende Veränderungen des Systems sind also auch in Demokratien möglich. Zu hoffen ist nur, dass wir nicht für jede grundlegende Veränderung eine neue Katastrophe brauchen.

Und die Moral von der Geschicht' ...

Über Mut, Glaube und was wir sonst noch brauchen

Die grundlegende Veränderung des real existierenden Kapitalismus hin zu einer nachhaltigen Wirtschafts- und Lebensweise ist eine riesige Herausforderung für die Politik, für uns, für die ganze Menschheit. Um dieses System vom Kopf auf die Füße zu stellen, braucht es mehr als ein politisches Programm. Es setzt eine Umwertung der Werte voraus, auf denen das gegenwärtige Wirtschaften und Leben beruht. Und es geht darum, diese Veränderung selbst zu leben. Dafür sind Informationen, ist eine neue Aufklärung, wie sie der Club-of-Rome-Bericht fordert, eine notwendige Voraussetzung. Gleichzeitig reichen auch noch so gute Argumente nicht als Grundlage für so tiefgreifende Veränderungen aus. Es braucht auch tiefe Überzeugungen, einen Glauben, die Diskussion über neue Lebensziele, über eine neue Spiritualität.

Zugegeben, Begriffe wie Glaube, Spiritualität oder vor allem Religion haben bei vielen kritischen Menschen keinen guten Klang. Viele assoziieren mit diesen Begriffen Naivität oder aber Fanatismus, Intoleranz oder sogar Gewalt. Für diese Skepsis gibt es gute Gründe. Wer wollte bestreiten, dass es religiöse Fanatiker gibt, Inquisitoren, die alle von ihren vermeintlichen Wahrheiten überzeu-

119

gen wollen – auch mit Gewalt und Terror. Kriege, die mit religiöser Inbrunst geführt werden, sind besonders grausam.

Aber es gibt auch eine andere, eine menschenfreundliche Spiritualität, die Veränderungsprozesse tragen und voranbringen kann. Es war der ehemalige südafrikanische Staatspräsident Nelson Mandela, der den Geist der Befreiung pries, der seine Bewegung in den schwierigen Phasen des Übergangs vom Apartheidsystem zur Gleichberechtigung von Schwarzen und Weißen getragen hatte. Dieser Geist trug dazu bei, dass der Übergang weitgehend friedlich verlief. Spiritualität spielte auch in der Friedlichen Revolution in Ostdeutschland eine viel größere Rolle, als allgemein angenommen. »Was die SED mehr fürchtete als unsere Argumente und Strategien, waren unsere Kerzen«, sagte mir einmal meine Berliner Kollegin Bettina Röder, die sich stark für die Revolution engagierte. Dass auch in der bundesdeutschen Politik Glaube und feste Grundüberzeugungen einen Widerstand gegen die Verführungen von Karriere und Geld bieten, erfuhr ich von Thilo Hoppe, acht Jahre lang Bundestagabgeordneter von Bündnis 90/Grüne: »Wenn ich zurückdenke, fällt mir auf, dass meine christlich fundierten Kolleginnen und Kollegen nicht so schnell auf den Karrierezug an die Fleischtöpfe der großen Politik aufgesprungen sind.«

Bestimmte Formen der Spiritualität können ein Gefühl der Zugehörigkeit, der Gemeinsamkeit schaffen, das intellektuelle Argumente allein nicht erzeugen. Beobachten konnte ich dies auch in Bhutan. Dort gehen König und Regierung seit knapp vierzig Jahren einen alternativen Entwicklungsweg zum westlichen Modell. Ihr Ziel ist nicht ein möglichst hohes Bruttosozialprodukt für die Bhutaner, sondern ein möglichst hohes Bruttosozialglück. Lebensqualität geht vor Materialismus. Dass dieser Entwicklungsweg durchaus erfolgreich verläuft, hängt auch mit der gemeinsa-

men Verbundenheit im Buddhismus zusammen, den viele Bhutaner mit großer Gelassenheit leben – bei allen Konflikten, die es
auch in Bhutan gibt.

Immer wieder zeigt sich: Gemeinsam gelebte Spiritualität
schafft Zugehörigkeit, Geborgenheit, verleiht jenen langen Atem,
den Veränderungsprozesse brauchen – und verhindert Verbieste-
rung, Zynismus, Bitterkeit und Hass, die sich in konfliktreichen
Entwicklungen gerne einstellen.

Müssen also alle, die das kapitalistische Wirtschaftssystem verändern wollen, religiös werden? Natürlich nicht. Veränderungen
können auch von anderen Überzeugungen, von anderen Lebens-
haltungen als religiösem Glauben getragen werden. Eines darf jedoch nicht verdrängt werden: Wir erleben in den kommenden
Jahrzehnten das Ende eines Zeitalters, in dem scheinbar preiswer-
te und unerschöpfliche Quellen von Energie und Rohstoffen einen
ständig steigenden materiellen Wohlstand verheißen. Seit Jahrzehnten hat das Streben nach »Immer mehr« die Köpfe beherrscht. Fragen nach dem Sinn des Lebens werden zwar immer
mit »möglichst viel Liebe« oder »möglichst viel Glück« beantwor-
tet. Doch dahinter steht allzu häufig der Glaube, Liebe und Glück
mit möglichst viel Konsum zu erreichen. »Konsum ist für viele die
Spiritualität unserer Zeit«, sagt der Theologe Boniface Mabanza,
der aus dem Kongo stammt. Doch wie ist dann ein Umdenken
möglich? Was passiert, wenn Sprit, Lebensmittel und Kleider teurer werden, weil die Produzenten im Süden mehr Geld bekommen
oder die nachhaltige Entwicklung mehr kostet? Viele Menschen
könnten dann in eine große innere Leere fallen und sich auf ge-
fährliche Weise radikalisieren.

Deshalb braucht der Übergang, die Transformation hin zu einer
humanen und ökologischen Wirtschaftsweise eine breite und offe-

121

ne Diskussion über die Werte, auf denen das Zusammenleben in Zukunft beruhen soll. Wie können sich die Menschen auf einen Lebensstil umstellen, in dem Teilen und Gemeinschaft so viel zählen wie heute Mehr-Haben und Individualität? Können sich die Bürger eine Wirtschaftsweise vorstellen, in der nicht nur jene Arbeit und jene Kreativität zählen, die sich betriebswirtschaftlich rechnen?

Die Abkehr vom Materialismus wird nur gelingen, wenn sich auch jene verändern, die Werte vermitteln. In den Schulen sollten Schüler und Lehrer mindestens so intensiv über ethische Fragen reden wie über Fachthemen. Die tiefen Fragen des Lebens müssen auf die Tagesordnung von Volkshochschulen und Bildungshäusern. Von Kirchen und Religionsgemeinschaften wird mehr erwartet, als ständig die alten Glaubenssätze und Rituale zu wiederholen. Wenn Sinnleere und Vereinzelung zunehmen, sind Kirchen und Religionsgemeinschaften gefragt, spirituelle Perspektiven zu entwickeln, die den Bedürfnissen der Suchenden gerecht werden. Aber auch in Kommunen, in Dörfern braucht es mehr Räume für Gespräche, für Treffen, für Kommunikation. Nur dann können sich möglichst viele Menschen in die neue Entwicklung einbringen. Dann werden sie wahrgenommen.

Kein Zweifel, es braucht neue politische Rahmenbedingungen für den Umbau dieses Wirtschaftssystems zu einer nachhaltigen Wirtschaftsweise. Doch tragfähig sind solche Veränderungen nur, wenn sich die Menschen langsam, aber konsequent vom Alten verabschieden und das Neue mit Leben füllen – auch und gerade dann, wenn es unbequem ist.

Auch diese Erkenntnis gehört zur Kunst, den Kapitalismus zu verändern.

Bücher, die mich inspiriert haben

Thilo Bode: Die Diktatur der Konzerne. S. Fischer 2018

Ulrich Brand / Markus Wissen:
Imperiale Lebensweise. Zur Ausbeutung von Mensch und Natur im globalen Kapitalismus. Oekom 2017

Paul Collier: Sozialer Kapitalismus. Mein Manifest gegen den Zerfall der Gesellschaft. Siedler 2019

Ottmar Edenhofer / Michael Jakob:
Klimapolitik. Ziele, Konflikte, Lösungen. C. H. Beck 2017

Lea Elsässer: Wessen Stimme zählt? Soziale und politische Ungleichheit in Deutschland. Schriften aus dem MPI für Gesellschaftsforschung. Campus 2018

Christian Felber: Die Gemeinwohl-Ökonomie. Aktualisierte und erweiterte Neuausgabe. 2012

Christian Felber:
Ethischer Welthandel. Alternativen zu TTIP, WTO & Co. Deuticke im Paul Zsolnay Verlag 2017

Scott Galloway: The Four. Die geheime DNA von Amazon, Apple, Facebook und Google. Plassen 2017

Thomas Gebauer / Ilija Trojanow:
Hilfe? Hilfe! Wege aus der globalen Krise. S. Fischer 2018

Kathrin Hartmann: Die Grüne Lüge. Weltrettung als profitables Geschäftsmodell. Blessing 2018

Ulrike Herrmann: Kein Kapitalismus ist auch keine Lösung. Die Krise der heutigen Ökonomie oder Was wir von Smith, Marx und Keynes lernen können. Westend 2016

Hans-Jürgen Jakobs: Wem gehört die Welt? Die Machtverhältnisse im globalen Kapitalismus. Knaus 2016

Stephan Lessenich: Neben uns die Sintflut. Die Externalisierungsgesellschaft und ihr Preis. Hanser 2016

Oliver Richters / Andreas Simoneit: Marktwirtschaft reparieren. Entwurf einer freiheitlichen, gerechten und nachhaltigen Utopie. Oekom 2019

Ernst Ulrich von Weizsäcker / Anders Wijkman u. a.:
Wir sind dran. Was wir ändern müssen, wenn wir bleiben wollen. Club of Rome: Der große Bericht. Gütersloher 2017

Harald Welzer: Alles könnte anders sein. Eine Gesellschaftsutopie für freie Menschen. S. Fischer 2019

Christian Felber

Die innere Stimme

Wie Spiritualität, Freiheit
und Gemeinwohl
zusammenhängen

Der Sinn für das Gemeinwohl ist neu zu entfachen. Er ist der Jagd nach Profit und persönlichem Vorteil auf Kosten der Natur und der Gesellschaft entgegenzusetzen. Nur mit einem Sinn für die Vorfahrt von Ökologie, Sozialität und Solidarität gibt es ein wirkliches Überleben des Lebens.

Christian Felber ist einer der führenden Köpfe der Gemeinwohl-Ökonomie, Mitbegründer von Attac Österreich und der Bank für Gemeinwohl. In diesem persönlichen Buch zeigt er, aus welchen spirituellen Wurzeln sein Gemeinwohldenken und -handeln entspringt. Und wie sich eine spirituelle Orientierung in einem wirtschaftlichen Denken und Handeln konkretisiert, dem es um Gemeinschaftswerte geht.

Christian Felber: Die innere Stimme.
Wie Spiritualität, Freiheit und Gemeinwohl zusammenhängen.
112 S., 11,90 € / 17,50 CHF, **Best.-Nr. 3089**

Bestellung an: Publik-Forum, Postfach 2010, D-61410 Oberursel,
Tel.: 06171/700310, Fax: 06171/700346,
E-Mail: Shop@Publik-Forum.de

Bestellungen im Internet: **www.publik-forum.de/shop**
Die E-Book-Ausgabe finden Sie in den gängigen Online-Shops.

Die Zeitschrift, die für eine bessere Welt streitet

Seien Sie mit uns
mutig, provokant, diskussionsfreudig, engagiert

Alle zwei Wochen in Publik-Forum:
Hintergründe aktueller Entwicklungen aus
Politik, Kirche, Religion und Gesellschaft

Jetzt kostenlos Probelesen:
www.publik-forum.de/192201
Telefon: 06171/7003470

Ja, schicken Sie mir bitte die nächsten zwei Ausgaben von Publik-Forum
kostenlos zu. Die Belieferung endet automatisch nach der zweiten Ausgabe.

NAME, VORNAME

STRASSE, HAUSNUMMER

POSTLEITZAHL, ORT

TELEFON

E-MAIL   GEBURTSDATUM

DATUM, UNTERSCHRIFT   2 0 1 9 2 2 0 1

BITTE EINSENDEN: **Publik-Forum Verlagsgesellschaft, Postfach 2010, 61410 Oberursel,**
TELEFON: **06171/7003470,** FAX: **06171/700346,**
ODER BESTELLEN SIE IHRE ZWEI AUSGABEN AUF: **www.publik-forum.de/192201**